汽车营销

主　编　程绪德　王　平　白　云
副主编　曾静波　张传华　邓朝纲
参　编　凡仕彬　何速舰　张天行　张文军

北京理工大学出版社
BEIJING INSTITUTE OF TECHNOLOGY PRESS

内 容 简 介

汽车营销是实现将汽车制造厂家生产出来的汽车产品通过经销店送至最终用户手中的一个至关重要的环节。因此，高效、完善的现代化汽车营销体系的建立是汽车工业发展的关键。

本书首先对整个汽车营销体系进行了讲解，并明确在汽车营销过程中从业人员的素质要求，明确汽车营销内容，提升读者的认识程度；其次从市场角度着手，通过市场调查、需求分析、市场定位几个方面进行讲述，根据有理有据的分析，进一步了解汽车营销的市场环节；最后探究汽车产品的策略，从营销技巧和新型汽车的营销模式方面进行研究，结合市场分析，对汽车营销体系及内容进行深层次阐述。全书内容丰富，结构紧凑，知识结构完整。

本书主要供中职汽车专业教学使用，也可供行业岗位培训参考。

版权专有 侵权必究

图书在版编目（CIP）数据

汽车营销 / 程绪德，王平，白云主编 . -- 北京：北京理工大学出版社，2021.11

ISBN 978-7-5763-0598-2

Ⅰ . ①汽… Ⅱ . ①程… ②王… ③白… Ⅲ . ①汽车工业 – 市场营销学 Ⅳ . ①F407.471.5

中国版本图书馆 CIP 数据核字（2021）第 220398 号

出版发行 / 北京理工大学出版社有限责任公司
社　　址 / 北京市海淀区中关村南大街 5 号
邮　　编 / 100081
电　　话 /（010）68914775（总编室）
　　　　　（010）82562903（教材售后服务热线）
　　　　　（010）68944723（其他图书服务热线）
网　　址 / http://www.bitpress.com.cn
经　　销 / 全国各地新华书店
印　　刷 / 定州市新华印刷有限公司
开　　本 / 889 毫米 × 1194 毫米　1/16
印　　张 / 9
字　　数 / 177 千字
版　　次 / 2021 年 11 月第 1 版　2021 年 11 月第 1 次印刷
定　　价 / 35.00 元

责任编辑 / 陆世立
文案编辑 / 陆世立
责任校对 / 周瑞红
责任印制 / 边心超

图书出现印装质量问题，请拨打售后服务热线，本社负责调换

前言

我国的汽车产销总量已经跃居世界第一，成为全球最大的汽车消费市场。到 2020 年，我国汽车保有量已达到 2.81 亿辆，并且保持良好增长态势。汽车行业已经从"卖方市场"转变为"买方市场"，汽车企业在营销领域的竞争也日趋激烈。培养具有现代汽车营销理念，善于捕捉市场机遇，并能灵活掌握汽车营销方法与技能的人才，成为汽车行业的迫切需求，也是职业教育汽车类专业的办学目标。

当下汽车市场的产品结构、消费群体、消费方式都发生了很大的变化，汽车营销模式也随之推陈出新。为了落实专业与产业（职业岗位）对接、专业课程内容与职业标准对接、教学过程与生产过程对接、学历证书与职业资格（能力）证书对接、职业教育与终身学习对接要求，我们组织了一批高职院校、中职院校经验丰富的优秀教师和企业技能大师、行业专家，根据中职汽车制造与检测专业教学标准、课程标准，结合汽车营销行业最新特点编写了本书。

本书具有科学性、实用性和示范性的特点。建立了以汽车市场营销活动为主线的教学体系，总结了营销案例中的优缺点，新增了微博营销、直播营销等创新型汽车营销模式的内容，做到理论与实践相结合，力求彰显时代特色和现实指导作用。

本书结构清晰、形式多样。遵循项目教学要求，采用"做中学，学中练"的方式循序渐进编排教学内容。共分为七个项目，主要内容包括汽车营销认知、汽车市场调查、汽车市场需求分析、汽车目标市场定位、汽车产品策略设计、汽车销售流程与技巧以及新型汽车营销。

本书适用于中等职业教育汽车制造与检测、汽车服务与营销等汽车类专业教学，同时适用于中高职衔接课程教学以及企业新型学徒制培训，也可供汽车营销爱好者参考学习。

在编写过程中，参考和借鉴了一些国内外学者的著述以及优秀汽车营销从业人员的实践案例等，在此一并表示衷心感谢！由于编写时间与作者水平有限，书中可能存在纰漏与不足之处，恳请广大读者朋友批评指正，我们将及时予以改进。

编 者
2021 年 8 月

目录

项目一　汽车营销认知 ··· 1
　任务一　了解汽车营销 ··· 1
　任务二　培养汽车营销从业人员的素质 ··· 4

项目二　汽车市场调查 ·· 11
　任务一　了解汽车市场调查 ·· 11
　任务二　开展汽车市场调研 ·· 19

项目三　汽车市场需求分析 ·· 30
　任务一　汽车市场需求特点 ·· 30
　任务二　了解消费者购车行为和动机 ·· 35
　任务三　了解行为因素对消费者购车的影响 ··· 40

项目四　汽车目标市场定位 ·· 50
　任务一　认知汽车市场 ·· 50
　任务二　选择汽车目标市场 ·· 56

项目五　汽车产品策略设计 ………………………………………………… 61
任务一　汽车产品整体认知 ……………………………………………… 61
任务二　制定汽车价格 …………………………………………………… 65
任务三　产品组合的联动营销 …………………………………………… 72

项目六　汽车销售流程与技巧 ……………………………………………… 79
任务一　完善汽车销售流程 ……………………………………………… 79
任务二　客户异议处理 …………………………………………………… 106

项目七　新型汽车营销 ……………………………………………………… 115
任务一　汽车营销模式的比较 …………………………………………… 115
任务二　汽车微博营销 …………………………………………………… 129
任务三　汽车直播营销 …………………………………………………… 133

参考文献 ……………………………………………………………………… 138

项目一

汽车营销认知

任务一 了解汽车营销

任务目标

1. 了解市场营销和汽车营销的概念。
2. 掌握汽车营销的内涵。

案例引入

长安福特：中国新锐导演电影秀

　　以第五代著名导演田壮壮为首，8位新锐导演以"动感生活，聚焦福克斯"为主题，各自执导了一部3分钟的影片来诠释他们对"动感、新锐生活"的理解，这场借助"中国电影百年华诞"的中国新锐导演电影秀，可以说开创了中国汽车业界电影营销的先河，并对福克斯"精彩生活"的品牌形象塑造带来莫大帮助。

知识链接

一、市场营销

（一）市场

市场的概念有狭义与广义之分。狭义的市场是指买卖商品的场所。广义的市场是各种商品交换关系的总和。从营销者的角度来看，市场是指某种产品的现实购买者与潜在购买者需求的总和。市场由消费者人口、购买力、购买欲望三个要素组成。

（二）市场营销的概念

市场营销又称为市场学、市场行销或行销学。市场营销是个人和集体通过创造并同他人交换产品和价值以满足需求和欲望的一种社会和管理过程。市场营销涉及企业或个人调查、生产、销售、服务的全过程，它以顾客的需求为起点，以顾客的满意为终点。

1. 产品价值

产品是指用来满足顾客需要和欲望的物体。产品包括有形产品与无形产品（或服务）。有形产品是为顾客提供服务的载体。无形产品（或服务）是通过其他载体，如人员、地点、活动、组织和观念等来提供的。人们购买汽车不是为了观赏，而是为了得到它所提供的交通服务。

产品价值是指顾客从拥有和使用某种产品中所获得的价值与为取得该产品所付出的成本之差。例如，人们为解决每天上下班的交通需要，会对可能满足这种需要的产品选择组合（如自行车、摩托车、公交车、出租车等），对他的需要组合进行综合评价（如速度、安全、方便、舒适、经济等），以决定哪种产品能提供最大的总满足。假如他主要对速度和舒适感兴趣，会考虑购买汽车。但是汽车购买与使用的费用要比自行车高许多。若购买汽车，他必须放弃购置其他产品（服务）。因此，他将全面衡量产品的费用和效用，选择购买能使每一元花费带来最大效用的产品。顾客并非能经常准确和客观地判断产品价值，他们是根据自己所理解的价值来行事的。

2. 顾客满意度

顾客满意度取决于消费者所理解的一件产品的价值与其期望值进行的比较。如果产品的价值低于顾客的期望值，顾客便会感到不满意；如果产品的价值符合顾客的期望值，顾客便会感到满意；如果产品的价值超过顾客的期望值，顾客便会非常满意。

3. 交换和交易

交换是指通过提供某种东西作为回报，从别人那里取得所需物的行为。交换是市场营销的核心概念。一个人可以通过自行生产、强制取得、乞讨、交换等方式获得自己所需要的产品，交换是其中之一。交换的发生，必须具备以下五个条件。

（1）至少有交换的两方。
（2）每方都有被对方认为有价值的东西。
（3）每方都有沟通信息和运送货物的能力。
（4）每方都可以自由地接受或拒绝对方的产品。
（5）每方都认为与另一方交易是合适的或称心如意的。

交易是交换的基本组成单位，是双方之间的价值交换。交换是一种过程，在这个过程中，如果双方达成一项协议，就称之为发生了交易。交易通常有两种方式：一是货币交易，如客户向商场支付5000元而得到一台电视机；二是非货币交易，包括以物易物、以服务易服务等。交易一般有以下三个要素：

（1）至少有有价值的物品。
（2）双方同意的交易条件、时间、地点。
（3）用法律制度来维护和迫使交易双方执行承诺。

4. 市场营销者

市场营销者是指希望从别人那里取得资源并愿意以某种有价之物作为交换的人。市场营销者可以是卖方，也可以是买方。在市场营销的交换双方中，如果一方比另一方更主动、更积极地寻求交换，则前者称为市场营销者，后者称为潜在顾客。

假如有几个人同时想买市场上正在出售的某种奇缺产品，每个准备购买的人都尽力使自己被卖方选中，这些购买者都在进行市场营销活动。

在另一种场合，买卖双方都在积极寻求交换，我们把双方都称为市场营销者，并把这种情况称为相互市场营销。

二、汽车营销

（一）汽车营销的概念

汽车营销是指汽车相关企业或个人通过调查和预测顾客需求，把满足其需求的商品流和服务流从制造商引向顾客，从而实现其目标的过程。汽车营销的目标是满足客户现实和潜在的需要，它是汽车市场营销活动的最高准则。

（二）汽车营销的内容

随着汽车市场的发展，现代汽车营销研究的关注点由以产品、顾客为核心，逐步过渡为以竞争行为为核心。

汽车营销研究的内容是在汽车市场的竞争环境中，企业等组织如何通过市场调查识别和分析顾客的需求，确定其所能提供最佳服务的目标群体，选择适当的计划方案、产品、服务方式以满足其目标群体的需求，取得竞争优势的市场营销全过程。

拓展资料

雪铁龙汽车公司的创始人安德烈·雪铁龙先生是人字形齿轮的发明者，是汽车产品的创新设计大师，同时亦是一位创意无限的营销大师。他在雪铁龙品牌及多款产品的宣传上都展现出非凡的营销智慧，创造了不少经典案例。

雪铁龙汽车公司创立之初，恰逢法国基础设施建设百废待兴之时，许多司机在开车途中经常迷路，出行极为不便。雪铁龙先生借此机会，以雪铁龙品牌标识为框架，设计了一系列道路指示牌赠予政府，让许多法国人与这个品牌相识结缘，留下深刻印象。

1922年第七届巴黎车展开幕式上，一架飞机空中表演时在云端划出 Citroen 的字样，让地面观展的无数人叹为观止，也是雪铁龙先生堪称惊艳的创意之笔。

除此之外，最让人难忘的就是"雪铁龙铁塔"了。雪铁龙先生曾在1925年的巴黎世博会期间包下埃菲尔铁塔，用250000个灯泡组成 Citroen 字样，将雪铁龙品牌点亮在巴黎的夜空中，从1925年至1934年间，这组经典的灯光广告持续点亮了整整十年，埃菲尔铁塔也成了名副其实的"雪铁龙铁塔"，如图1-1所示。

图1-1 巴黎埃菲尔铁塔上的雪铁龙广告

总结拓展

通过本任务的学习，同学们了解了市场营销和汽车营销的概念，熟知了汽车营销学习的内容。本任务与汽车专业领域职业技能等级证书标准中的1-7【汽车营销评估与金融保险服务技术-模块】—工作安全与作业准备职业技能要求相对应。同学们要在日常教学过程中培养良好的职业道德和敬业精神，树立"顾客至上"的理念，为以后走上工作岗位打下基础。

任务二 培养汽车营销从业人员的素质

任务目标

1. 了解职业道德的概念。
2. 掌握基本的社交礼仪。

3. 熟悉汽车营销从业人员的基本要求。

案例引入

"最美司机"吴斌是杭州客车司机，他在驾驶客车时，被铁器击穿腹部。吴斌忍受着肝脏破裂的剧痛，坚持完成停车的一系列规定动作，换挡、减速、停车、拉手刹、打开双闪灯、开车门，及时疏散了车上的群众，在完成了这些后，他便倒在了自己的岗位上，昏厥了过去。《中国青年报》的调查显示，86.2%的受访者认为吴斌最让人感动的是他对职业道德的坚守。

知识链接

一、具备职业道德

（一）职业道德的概念

职业道德是指从事一定职业的人们，在其履行职业职责的过程中应遵循的特定的职业思想、行为准则和规范，是与之相适应的道德观念、道德意识、道德活动的总和，是一般社会道德在特定的职业活动中的体现。

汽车营销从业人员必须保持良好的职业道德，良好的职业道德是建立市场经济的前提，不正当的商业行为，往往破坏市场机制的调节作用，对市场经济的良性运行造成致命危害。

（二）职业守则的内容

1. 爱岗敬业

爱岗敬业是汽车营销从业人员做好本职工作所应具备的基本的思想品格，是乐业的思想动力。爱岗就是热爱本职工作，敬业就是要用一种恭敬严肃的态度对待自己的工作，提倡"干一行、爱一行、专一行"。

2. 诚实守信

诚实守信是为人之本、从业之要。诚信是市场经济的基本规则，是人们为人处世的根本要求。一个人在成就事业的职业活动中，诚信同样是至关重要的从业品质。

3. 遵纪守法

遵纪守法是汽车营销从业人员正常进行营销活动的重要保证。汽车营销从业人员必须遵守职业纪律和相关的法律、法规和政策，遵守职业道德。遵守法律、法规，首先要学习相关的知识，提高对法律、政策的领会能力，并运用法律武器和政策精神维护自身的利益。

4. 办事公道

办事公道是指汽车营销从业人员在处理问题时，特别是在销售畅销汽车时，绝不因人而异，亲疏有别，更不能趋附权势，应站在公正的立场，秉公办事、平等相待，一视同仁。这是汽车营销从业人员开展活动的根本要求。

5. 团结互助

团结互助要求汽车营销从业人员顾全大局，互相配合；以诚相待，互相尊重；谦虚谨慎，互相学习；加强协作，互相帮助。搞好同事之间、部门之间的团结协作，以实现共同发展。

二、熟知社交礼仪

着装礼仪

握手礼仪的要点

（一）仪容仪表

在与客户见面之初，对方首先看到的是汽车营销从业人员的仪表，如容貌和衣着。要想给人留下良好的第一印象，就必须从最基本的打扮来体现。合体的服装、干练的发型、微笑大方的面容可使男营销员显得潇洒、女营销员更加端庄秀美。

（二）介绍他人

为他人作介绍时，应先向身份高者介绍给身份低者，先向年长者介绍年幼者，先向女士介绍男士。当双方年龄相当、地位相当，又是同性时，可先向先在场者介绍后到者。

（三）握手礼仪

与客户握手时，要主动热情、面带微笑，双目注视客户，切不可斜视或低着头。可根据场合，一边握手，一边寒暄致意，如"您好""欢迎光临"等。对年长者或有身份的客户，应双手握住对方的手，稍稍欠身，以表敬意。一般情况下，握手要用右手，握手时不要用力过猛。几个人同时握手时，注意不要交叉，应等别人握完手后再伸手。握手时必须是上下摆动，而不能左右摇动，如图1-2所示。

图1-2　握手礼仪

（四）电话礼仪

（1）要使用礼貌用语，如"您好""请""谢谢""麻烦您"等。

（2）电话铃响接听，第一句话是"您好"。超过四遍才接，就要向对方说："对不起，让您久等了。"这是礼貌地表示，可消除对方久等铃响的不快。

（3）讲话时要简洁、明了。

（4）注意听取时间、地点、事由和数字等重要词语。

（5）注意讲话语速不宜过快。

（6）和客户通话时，要注意不要和他人再说话。如果不得已，要向客户道歉，请其稍候或者过一会儿再与客户通话。

（7）接完电话后，要确定对方已挂断电话，再轻轻挂断电话。

（五）使用名片礼仪

1. 名片的递送

交换名片的顺序一般是先客后主，先低后高。当与多人交换名片时，应依照职位高低的顺序，或由近及远依次进行，切勿跳跃式地进行，以免对方误认为有厚此薄彼之感。递送时应将名片正面面向对方，双手奉上，如图1-3所示。眼睛应注视对方，面带微笑，并大方地说："这是我的名片，请多多关照。"名片的递送应在介绍之后，在尚未弄清对方身份时不应急于递送名片，更不要把名片视同传单随便散发。

图1-3 使用名片礼仪

2. 名片的接受

接受名片时应起身，面带微笑注视对方。接过名片时应说"谢谢"，随后有一个微笑阅读名片的过程，阅读时可将对方的姓名、职衔念出声来，并抬头看看对方，使对方产生一种受重视的满足感。然后，回敬一张本人的名片，如身上未带名片，应向对方表示歉意。在对方离去之前，或话题尚未结束，不必急于将对方的名片收藏起来。

3. 名片的存放

接过别人的名片后，切不可随意摆弄或扔在桌子上，也不要随便地塞在口袋里或丢在包里。应放在西服左胸的内衣袋或名片夹里，以示尊重。

三、精通业务知识

（一）熟悉汽车专业知识

汽车营销从业人员了解汽车的品种、规格、型号、用途、产地、质量、结构特点以及产

名片礼仪

品优缺点，有利于帮助顾客根据需要进行挑选，当好顾客的"参谋"，并及时回答顾客提出的各种问题，消除顾客的各种疑虑，才能达成交易。

（二）熟悉汽车市场行情

汽车营销从业人员熟悉市场价格、费用（利息、仓储、运输费等）、税收、购置费、付款方式等一系列业务政策的规定以及市场营销基本知识，以便达成交易或实施管理。

（三）熟悉汽车销售流程

汽车营销从业人员熟悉汽车销售工作程序中的每个环节，如进货、验收、运输、存车、定价、广告促销、销售、售后服务、信息反馈等，以及在洽谈基础上签订合同、开票出库等手续，并熟悉售后服务（加油、办移动证或临时牌照、工商验证等）各个环节。

（四）熟悉汽车交易流程

交易的最后手续是结算，要求准确、迅速地做到收付两清，对涉及汽车货物的进、销、存，涉及货款的贷、收、付以及费用中包括的进货费、利息、洽谈费、差旅费等各种消耗都要清楚，心中有数；懂得承包部门的经济核算，随时了解本部门的经济效益，及时采取措施和对策，确保营销任务的完成。

四、掌握营销技巧

汽车销售顾问必备素质

（一）熟悉顾客心理

由于顾客的职业、社会地位、年龄、习惯、爱好不同，对汽车有不同的需求。营销从业人员要有一定的销售心理学知识，能根据客户挑选商品时的外表神态、言谈举止，分析判定不同顾客的特殊心理活动。要善于分析顾客的心理，根据不同情况接待顾客，促使交易顺利进行。

（二）具备沟通技巧

沟通的目的在于有效地传递汽车产品知识。专业的营销沟通要注意三个问题：

（1）良好的表达，能够准确地传递产品知识。学会赞美顾客，销售的目的在于为顾客解决问题，赞美比争辩更有利于获得信任。

（2）销售的过程就是了解顾客需求的过程，倾听和发问的技巧比良好的口才更重要。

（3）要学会让顾客讲话，在沟通过程中要掌握两个原则，一是要真诚，二是要有事实依据，不能在赞扬顾客的时候言之无据。

五、明确工作职责

（一）收集整理信息

定期组织市场调研，收集市场信息，分析市场动向、特点和发展趋势；收集有关竞品的信息，掌握当地市场的动态，分析销售和市场竞争发展状况，提出改进方案和措施；收集、整理、归纳客户资料，对客户群进行透彻地分析。

（二）制订并实施销售计划

确定销售策略，建立销售目标，制订销售计划，完成公司下达的销售任务；监督计划的执行情况，将销售进展情况及时反馈给上级。

（三）维护客户关系

建立顾客资料档案，保持与顾客之间的双向沟通；做好客户拜访记录，迅速、高效、礼貌地解决客户问题，客观、及时地反映客户的意见和建议，不断完善工作；及时做好协议客户合同到期的续签工作。

（四）及时收取贷款或催收分期付款

预测市场危机，及时收取贷款、催收分期付款和结算款项。

（五）开拓新的市场

及时掌握市场动态，分析市场动向、特点和发展趋势，合理开发新客源、新市场。

（六）树立公司形象

实地了解公司产品市场占有率，公司产品的定位与定价是否得当，为客户提供最佳服务，建立良好的人际关系，赢得客户的信任与社区的尊敬，树立公司良好的形象。

拓展资料

小李在一家男鞋专柜做销售员，在一个工作日的早上，她来到了店铺，只见她披散着长发，穿着运动装，面部妆容看上去很粗糙，带着夸张的耳环，嘴里面还嚼着口香糖。一名男顾客走进店铺，小李赶紧迎上前去对这位顾客大声地说："看鞋吗？"顾客见到小李后，惊讶地退后一步并说道："哦…，我只是随便看看……"随后走出了店铺。

总结拓展

通过本任务的学习，同学们了解了职业道德的概念，掌握了基本的社交礼仪，熟悉了汽车营销人员的基本要求。本任务与汽车专业领域职业技能等级证书标准中的1-7【汽车营销评估与金融保险服务技术-模块】—工作安全与作业准备职业技能要求相对应。同学们要勤加练习，为以后考取相应等级的职业技能等级证书打下基础。

项目巩固

实训编号：qcyl01	建议学时：3学时
实训地点：理论教室	小组成员姓名：

一、实训描述
1. 演练任务：结合自己的日常工作、学习环境给自己的交往礼仪打分。
2. 演练目的：掌握语言的分类及要求。
3. 演练内容
1）不同场景中如何准确运用语言。
2）握手动作准确、自然大方。
3）声音清晰明亮、表达准确。

二、相关资源
请以"社交礼仪重要性"为关键词查询相关网络资料

三、实训实施
1. 以2~4人为一组，选出组长。
2. 以"汽车销售礼仪"为主题相互考核

四、实训成果
根据教师要求的具体内容，分组练习后全班展示

五、实训执行评价

序号	考核指标	所占分值	考核标准	得分
1	仪态动作	10	仪态端正，动作准确	
2	语言表达	50	语言得体，表达流畅	
3	情感服务	40	情感真挚，服务周到	

项目二　汽车市场调查

任务一　了解汽车市场调查

任务目标

1. 了解汽车市场调查的含义、意义与特征。
2. 了解汽车市场基本环境、需求、竞争调查。

案例引入

从处处"难安"到销量"长安"

根据长安汽车官方发布的数据，2020年长安汽车集团销量超过200万辆，同比增长13.2%。其中，长安系中国品牌汽车在2020年的市场表现功不可没，全年累计销量超过150万辆。另外，蓝鲸动力家族销量在2020年也突破了90万辆。低谷徘徊3年后，长安汽车在2020年释放出了强烈的复苏信号。

> 2017年年前，长安汽车的江湖地位实属"强势"。其高光时刻是2014—2016年连续三年夺得自主品牌销量冠军，尤其是2015年，率先实现产量销量双双破百万，2016年更是卖出了128万辆的好成绩，一时风光无限。但2017年，长安汽车却意外地被吉利汽车反超。
>
> 在年初疫情肆虐之时，几乎没有人能预见长安汽车居然是那个年度最强逆袭王，其2020交出的优异成绩单上，各个板块背后都写着大大的"优"。在长安汽车三大整车板块中，自主板块的销量贡献度超过了8成，占比达到80.8%。其中明星车型长安CS75单月销量超过3万辆大关，同比增长超20%。另外长安UNI-T车型自上市后连续5个月销量破万，成为了长安汽车新的增长极。
>
> 让长安汽车在三年内快速回归的秘诀是什么呢？长安汽车总裁朱华荣给出了答案。对市场进行细分并进行深入的用户调研，对用户反馈的信息在车辆升级的过程中进行针对性调整，再结合总体市场环境进行营销布局。

知识链接

一、汽车市场调查的内涵

（一）汽车市场调查的含义

汽车市场调查就是运用科学的方法，有计划、有目的、系统地收集有关汽车市场营销方面的信息，并对这些信息进行整理、分析，得出调查结论，提出解决问题的建议，供汽车营销从业人员了解营销环境，发现机会与问题，作为市场预测和营销决策的依据。具体来说，汽车市场调查是汽车生产企业、经销商对汽车的各种商品或某种商品的产供销及其影响因素，企业销售量，用户及潜在用户的结构、购买力、购买习惯、购买欲望等情况进行全面或局部的调查研究。

（二）汽车市场调查的意义

市场调查是汽车企业营销活动的出发点。汽车的市场调查工作对于汽车企业的发展至关重要，其作用主要表现在以下几个方面。

1. 市场调查为汽车企业提供市场信息

市场是企业研究的中心，根据市场的状况制定的营销策略决定了企业的经营方向和目标。因此，市场信息的正确与否，直接关系到企业决策是否成功与市场定位是否准确。汽车企业通过市场调查，可以科学地、系统地、客观地收集整理和分析市场营销的资料，能够对市场变化趋势做出较为科学的预测,并在此基础上制订正确的经营规划和计划。

2. 市场调查有利于汽车企业在竞争中占据有利地位

知己知彼是每个企业应对市场竞争的有效方法。要达到在竞争中取胜的目的,就必须通过市场调查,掌握竞争对手的经营策略、产品优势、促销策略及未来的发展目标,从而在竞争中避开对手的优势,发挥自己的长处,或针对对手的弱点,突出自身的特色。

3. 市场调查有利于开拓新的市场

任何企业不会在现有的市场中永远保持销售旺势。要想扩大影响,继续盈利,就不能只把希望寄托在有限的市场范围内。这就需要通过市场调查,了解目标市场的需求,生产适销对路的产品,并能发现目标市场尚未满足的需求,开拓新的市场。

总体来说,汽车市场调查对汽车企业的营销战略、竞争战略的制订有着重要的作用。汽车企业应积极地、认真地做好汽车市场的调查工作,获取准确的市场信息,以指导企业的经营决策,使汽车企业在激烈的市场竞争环境中立于不败之地。

(三)汽车市场调查的特征

汽车市场调查是汽车企业营销活动的基础,具有以下几个特征。

1. 动态性

汽车及其配件行业的发展变化快,在市场调查活动中要用动态的观点指导企业的调查工作,收集一切可以为企业所用的信息资料,以便随时调整政策,适应汽车市场不断变化的趋势。

2. 针对性

汽车企业的市场调查活动不是盲目进行的,是由汽车企业经营活动的目的性决定的,需要根据所生产或经营的产品或服务进行。

3. 经济性

市场调查工作费时、费力,还要有一定的费用开支。为了用最低的成本和最短的时间获取最可信、最实用的信息,汽车企业在开展市场调查工作时要把握经济性。这在利润空间不断压缩的汽车行业具有现实意义。

4. 科学性

为了减少调查活动的盲目性,要对所需要收集的资料和信息进行科学合理的规划,从调查目的的确定到调查结果的统计分析都要遵循科学性原则。

5. 不确定性

市场环境在不断变化，会增加市场调查工作的难度，加上所调查的信息资料具有一定的时效性，市场调查的结果与实际会有所偏差，即市场调查具有不确定性。

二、汽车市场调查的内容

汽车营销从业人员对企业自身情况比较了解，汽车市场调查常以获取外部环境信息为主要目的。虽然汽车市场调查的范围极为广泛，但其主要内容有市场环境调查、需求调查、汽车产品调查、营销活动调查和竞争对手调查，如图2-1所示。

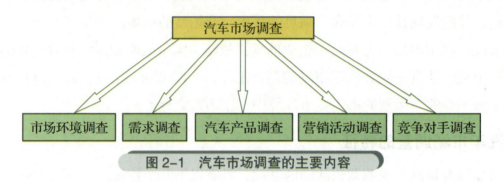

图 2-1 汽车市场调查的主要内容

（一）市场环境调查

汽车市场环境调查主要是指汽车营销的宏观环境，它是影响企业及其市场营销的重要因素，也会对市场需求产生影响。调查分析宏观环境变化及其趋势，是寻求市场机会的重要途径。汽车市场环境调查的主要内容如表2-1所示。

表 2-1 汽车市场环境调查主要内容

调查要素	调查的主要内容
人口因素	人口总数、人口密度与分布状况、人口流动及其流动趋势、消费的基本单位等
经济因素	（1）国家、地区或城市的经济特性，包括经济发展规模、趋势、速度和效益； （2）所在地区的经济结构、人口及其就业状况，交通条件，基础设施情况，同行业竞争的状况； （3）一般利率水平，获得贷款的可能性以及预期的通货膨胀； （4）国民经济产业结构和主导产业； （5）社会购买力水平、居民收入水平、消费结构和消费水平
政治因素	（1）国家整体的政治局面、政治形势、政治体制，政府的经济政策、法令、法规和政府行为，国家有关国民经济和社会发展的规划及计划； （2）政府有关汽车方面的方针、政策和各种法令、条例等，可能影响本企业的诸多因素的调查，如汽车价格策略、汽车税收政策、信贷政策等； （3）调查有关部门及其领导人、关键人的情况

续表

调查要素	调查的主要内容
科技因素	（1）国内外新技术、新工艺、新材料、新车型的发展趋势和发展速度； （2）国家有关科研和技术发展的方针、政策及规划
自然因素	自然资源、基础设施建设、环境保护措施、气候状况等
文化因素	（1）了解一个地区的文化习惯、文化差异、思维方式、风气、时尚、爱好、宗教信仰、价值观念和教育发展水平； （2）调查当地人的文化水平； （3）调查民族特点

（二）需求调查

需求调查是市场营销调研的核心内容，目的是了解市场需求量及顾客需求。需求调查的主要内容包括顾客调查分析、市场需求及其变化、市场需求倾向及其变化、消费心理及其变化、消费结构及其变化和消费者购买行为等。

首先是市场容量调查，主要是指现有和潜在人口变化、收入水平、生活水平、本企业的市场占有率、购买力投向、顾客对某类汽车的总需求量及其饱和点、汽车市场需求的发展趋势。

其次是汽车市场需求影响因素调查，如国家关于国民经济结构和汽车产业结构的调整和变化；顾客的构成、分布及其消费需求的层次状况；顾客现实需求和潜在需求的情况；顾客的收入水平变化及其购买能力与投向。

再次是调查顾客的购车动机和购车意向。

最后是顾客购车行为的调查，如调查各阶层顾客的购车欲望、购车动机、购车习惯、购车爱好、品牌偏好；顾客对本企业和其他提供同类车辆的企业的受欢迎程度及其影响因素等。

（三）汽车产品调查

汽车产品调查包括对汽车新产品的设计、开发和试销；对现有汽车产品进行改良；对目标顾客在产品款式、性能、质量、包装等方面的偏好进行调查；对汽车产品的供求形势及影响价格的其他因素变化趋势进行调查。

（四）营销活动调查

汽车营销活动调查主要包括产品调研、分销渠道调研、价格调研、促销活动调研和销售服务调研。

1. 产品调研

产品调研包括产品生产能力调研、产品设计、功能和用途调研；产品品牌命名、设计及决策调研、产品质量调研；产品使用的方便性、操作的安全性调研；产品生命周期调研及市场占有率调研等。

2. 分销渠道调研

分销渠道调研包括分销渠道现状调研，中间商销售情况，用户或消费者对经销商的印象及评价，分销渠道及策略的实施、评估、控制与调整等。

3. 价格调研

价格调研包括市场供需趋势以及对产品价格的影响，影响营销价格政策的有关因素，产品价格的供给弹性和需求弹性，新产品的价格政策，目标市场对本企业产品价格水平的反映等。

4. 促销活动调研

促销活动调研包括推销人员的安排和使用情况，营销人员的销售业绩，各种促销措施对用户和消费者产生的影响，有效的人员促销战略与战术调研，各种公关活动和宣传措施对产品销售量的影响等。

5. 销售服务调研

销售服务调研包括消费者需要在哪些方面得到服务，服务质量如何，服务网点分布情况及主要竞争对手提供服务的内容与质量等。

（五）竞争对手调查

竞争对手调查主要包括竞争者的产品有何优势、竞争者所占的市场份额、直接竞争或间接竞争、竞争者的生产能力和市场营销计划、竞争者的类型及主要竞争者、消费者对主要竞品的认可程度、竞品的缺陷、消费者的需求中还有哪些未在竞品中得到满足等。竞争对手调查的主要内容如表2-2所示。

表2-2 竞争对手调查的主要内容

调查要素	调查的主要内容
竞争者的确认	有没有直接或间接的竞争对手；有哪些直接或间接的竞争对手
竞争者基本情况	（1）竞争对手的所在地和活动范围； （2）竞争对手的经营规模和资金状况； （3）竞争对手经营的车辆品种、价格、服务方式及在顾客心目中的声誉和形象； （4）竞争对手新车型的经营情况； （5）潜在竞争对手的状况
竞争者的实力	按照竞争者力量对比，可分为强力竞争和弱力竞争。前者构成较大威胁，后者暂不构成较大威胁
竞争者优劣势	竞争者经营管理的优劣势、代理的车型与品牌优劣势、网点服务优劣势调查
竞争者的营销策略	竞争者的营销方式与策略、品牌与服务、价格、广告与促销、分销等策略的现状、应用及效果等

拓展资料

汽车市场调查问卷

您好,我们正在进行课外实践调查。我们的访问大概只需要几分钟的时间,您提供的信息仅用于统计上的研究分析,而不会具体提供给任何第三方,希望能够得到您的支持与帮助,谢谢!

1. 你的性别:(　　)
   A. 男　　　　　　　B. 女

2. 你的年龄段:(　　)
   A. 16~25　　　　B. 26~35　　　　C. 36~45　　　　D. 46以上

3. 您的职业是?(　　)[多选题]
   A. 学生　　　　　　B. 企业单位职员　　C. 个体经营者　　D. 公务员
   E. 事业单位职员　　F. 离退休人员　　　G. 自由职业者　　H. 其他

4. 请问您的学历是?(　　)
   A. 研究生及以上　　B. 本科　　　　　C. 大中专　　　　D. 高中

5. 请问您的家庭月平均收入是?(　　)
   A. 4000以下　　　B. 4000~6000　　C. 6000~8000　　D. 8000~10000
   E. 10000以上

6. 你最喜欢的车型:(　　)
   A. 豪华型车　　　　B. 小型车　　　　C. 紧凑型车　　　D. 中大型车
   E. 微型车

7. 您购买汽车的主要用途:(　　)
   A. 家用　　　　　　B. 营运　　　　　C. 出租　　　　　D. 商务

8. 您在购车时最看重什么?(　　)(可多选)
   A. 品牌　　　　　　B. 价格　　　　　C. 外形　　　　　D. 安全性能
   E. 售后服务　　　　F. 动力性　　　　G. 操控性

9. 您一般通过什么途径了解汽车的?(　　)(可多选)
   A. 朋友介绍　　　　B. 媒体广告　　　C. 网络　　　　　D. 车展
   E. 厂家宣传

10. 您喜欢国产车还是进口车?(　　)
    A. 国产车　　　　　B. 进口车　　　　C. 不在意,只选喜欢的

11. 如果您购车,您会选择什么样的价位?(　　)
    A. 10万以下　　　B. 10万~20万　　C. 20万~30万　　D. 30万以上

12. 在您选择的这个价位下，您最倾向购买的汽车品牌是（　　）？

　　A. 日产　　　　　B. 丰田　　　　　C. 本田　　　　　D. 大众

　　E. 别克　　　　　F. 现代　　　　　G. 奇瑞　　　　　H. 马自达

　　J. 其他

13. 您是出于什么原因选择这个品牌的车（　　）？

　　A. 性价比高　　　　　　　　　　　B. 经济、耗油少

　　C. 外观漂亮、大气　　　　　　　　D. 品牌知名度高

　　E. 促销活动的吸引　　　　　　　　F. 亲朋好友的介绍

　　G. 质量好，返修率低　　　　　　　H. 其他

14. 您最喜欢的汽车颜色是（　　）？

　　A. 银色　　　　　B. 白色　　　　　C. 黑色　　　　　D. 红色

　　E. 蓝色　　　　　F. 黄色　　　　　G. 其他

15. 请问您喜欢这种颜色的原因是（　　）？

　　A. 体现个性　　　　　　　　　　　B. 体现时尚

　　C. 体现稳重　　　　　　　　　　　D. 视觉性好，有助提升安全性

　　E. 其他

16. 您选择的付款方式是（　　）？

　　A. 一次性付款　　　B. 银行按揭　　　C. 分期付款

17. 如果您想购车，您是否有购二手车的倾向（　　）？（如您选择"A.是"，请答第18题，如果选择"B.否"，请答第19题）

　　A. 是　　　　　　　B. 否

18. 您会购买二手车的原因是（　　）？

　　A. 价格便宜　　　　　　　　　　　B. 折旧率比较低，性价比比较高

　　C. 更容易找到自己喜欢的车型　　　D. 同样的价钱可以买到更高档的车

　　E. 其他

19. 您不考虑购买二手车，有什么顾虑（　　）？

　　A. 担心质量偏低　　　　　　　　　B. 担心服务得不到保证

　　C. 担心欺诈性交易　　　　　　　　D. 其他

20. 请问您对本次调查有什么意见和建议？

总结拓展

通过本任务的学习，同学们了解了一份成功的市场调查对企业的发展和产品定制起着至关重要的作用。在以后的工作中，同学们要认真对待市场调查，从中分析和了解市场需求。

任务二 开展汽车市场调研

任务目标

1. 了解市场调查的基本步骤。
2. 了解市场调查问卷的基本结构。

案例引入

2000年4月25日，由全国最大汽车交易市场——北京亚运村汽车交易市场主办，8家互联网网站和7家媒体共同协办的"全国汽车消费市场现状网上调查"结束。

在调查受访者影响其是否购买汽车的主要因素是什么时，有71%的受访者选择了汽车价格，有53%的受访者选择了收入水平，选择政策影响的有28%，选择环境影响的有21%，选择道路限制的只占7%。从以上调查数据不难看出，当前国内制约私人购车的主要原因仍是过高的汽车价格和相对较低的家庭收入。

在调查受访者影响其选购什么样的汽车的因素中，排在第一位的仍然是价格，占80%；排在第二位的是售后服务，占63%；而汽车品牌因素只占37%，排第三位；考虑汽车性能因素的排第四，有24%；而购车方式、购车服务、汽车实用性等因素则分别只有11%、6%和4%的人考虑到。

知识链接

一、汽车市场调查的类型

（一）按调研的目标分类

1. 探测性调查

探测性调查是指在企业对市场状况不清楚或对问题不知从何处着手时所采用的方法，以定性调查为主，主要是收集一些初步的信息，以便发现问题和提出问题，确定调查的重点。资料来源有三个方面：①查找文献资料，包括报纸杂志；②对专家、技术人员、顾客等进行个人或小组访问；③分析研究以往的案例，找出相似因素，从而得到启发。例如，某企业生产的轮胎销售量不断下降，这时要调查其销售量下降的原因，是宣传力度不够、销售服务差，还是竞争者提高了产品的性价比等造成的。影响某品牌汽车销售量下降的原因有很多，一时难以确定是什么原因造成的。这时，就可以应用探测性调查的方法，通过查找关于竞争者产品信息的资料、通过访问其消费者或者中间商，从中找出确定影响汽车销售量的关键因素，作为进一步深入调研的重点。

2. 描述性调查

描述性调查是指对已经找出的问题进行深入具体的调查。这种调查研究比探测性调查更详细、更精确，而且一般要进行实地调查，收集一手资料。例如，对汽车的用户进行调查，要具体描述用户买什么车型、何时购买、如何购买，对已购车用户需要调查使用中的满意度、建议等问题。由于这项调查需要拥有大量的信息资料，调查前需要有详细的计划和提纲，以保证资料的准确性。描述性调查虽然比探测性调查具体详细，但也只是描述问题的表面现象，如需深刻揭示因果关系，还要进一步进行因果关系的调查。

3. 因果性调查

因果性调查是指为了了解有关现象之间因果关系而进行的调查，主要是弄清原因和结果之间的数量关系。例如，有的汽车用户为什么喜欢米其林轮胎而不喜欢固特异轮胎；轮胎的价格、质量、服务、广告费用对销售量的影响程度如何；如果价格因素起主导作用，那么价格上浮多少，销售量会减少多少，价格下降的话，销售量会增加还是不变等。由此可见，因果性调查是在描述性调查的基础上对某些问题的进一步深化，从而确定市场变量之间的因果关系，是解决调查问题的一个重要方法。

（二）按调查对象的范围不同分类

1. 全面调查

全面调查是对调查对象的全部样本进行逐一的、无遗漏的调查，目的是收集比较全面、精确的调查资料。

2. 非全面调查

非全面调查是对调查对象中的部分单位所进行的调查，但所调查的样本应具有较充分的代表性，如典型调查、重点调查等。重点调查是指在调查对象总体中选定具有十分重要地位的单位进行调查。这样能够以较少的人力、较少的费用开支，较快地掌握调查对象的情况；典型调查是指在调查对象中选定具有典型意义或具有代表性的单位进行调查。全面调查和非全面调查的区分是以调查对象所包括的单位是否完全来衡量的，并不是以最后取得的结果是否反映总体数量特征的全面资料来衡量。典型调查等非全面调查也能得到总体的比较全面的资料。

二、汽车市场调查的基本步骤

为保证系统性和科学性，汽车市场调研的基本步骤包括：确定调查目标、制订调查计划、收集分析信息资料、撰写调查报告，如图2-2所示。

图 2-2　汽车市场调研的基本步骤

（一）确定调查目标

确定调查目标是进行市场调查工作的首要环节，这一阶段非常重要，将直接关系到整个调查工作的成败。调查目标越明确，调查问题确定得就越具体，这样就可以避免调查工作的盲目性，减少人、财、物的浪费。

汽车企业市场营销涉及的范围很广，每次调查活动不可能面面俱到，只能就企业经营活动的部分内容展开调查。一般确定调查目标时应弄清楚几个问题：①为何要进行此次调查；②具体要调查什么，是调查新产品的市场前景，还是调查产品市场占有率的下降原因等；③调查结果有何用处。调查目标一旦确定，才可能采取正确的方法，制订好调查计划，而且调查人员在以后的调查活动中应始终围绕本次调查的总体目标进行工作。

（二）制订调查计划

在调查目标确定的基础上，调查工作开始之前，还应当制订调查计划，这是整个市场调查过程中工作内容较多的步骤，包括确定调查项目、确定调查对象、确定调查方法、确定调查时间和地点、估算调查费用，并将这些内容综合并编写调查计划书，以指导整个调查工作的进行。调查计划表如表2-3所示。

表 2-3　调查计划表

调查目标				
调查区域				
调查对象				
调查时间				
	时间安排	调查项目	调查对象	备注
调查准备				
经费预算				
批示				

1. 确定调查项目

确定调查项目，即根据已确定的调查目标具体设置调查问题。需要将已掌握的产品、销售、同行业企业的经营情况及其他有关资料集中起来，进行分析研究，从而设置调查项目。由于人力、时间、资金有限，调查项目的确定要与企业自身情况结合起来。调查项目越多，需要的人力、经费就越多，需要的时间也越长，因此要对与调查目标相关的诸多因素的重要程度进行比较，以决定取舍。

2. 确定调查对象

确定调查对象，就是确定对谁进行调查，由谁提供资料，即确定调查的总体范围及构成总体的调查样本。

3. 确定调查方法

根据调查项目和调查对象来确定调查方法，即确定搜集信息资料的具体方法。市场调查的方法有很多，获得一手资料的方法有观察法、实验法、访问法。各种方法都有其自身的优缺点，适用于不同情况的调查，也可多种方法结合运用。调查方法选择是否恰当，将直接关系调查结果的好坏。

4. 确定调查时间和地点

调查时间的确定要注意调查目标和营销决策的时效性和相关性。例如，要调查如何在淡季提高某汽车的销售量，那么调查活动就应确定在淡季进行，了解汽车用户在淡季不购买的原因，而且应在决策前的一个淡季内完成调查任务，以便及时为营销决策提供依据。如果汽车企业想开辟一个新的细分市场，则调查地点就应该确定为该细分市场的所在地。

5. 估算调查费用

做调查的预算，力求花钱少效果好。调查方法、调查项目、调查规模的不同都影响着调查费用的支出；市场调查部门应将费用的估算情况写在一份详细的调查费用估算单中并进行统筹规划，以便用有限的调查费用取得准确的调查结果。

（三）收集分析信息资料

调查计划批准后，就进入收集信息阶段。调查人员按照调查计划中所拟订的各项内容进行信息资料的收集工作，可以收集间接信息也可收集直接信息。直接信息通过实地调查获得，间接信息的获得主要通过查找与汽车相关的报纸杂志，如《中国汽车报》《汽车工业研究》《汽车之友》等，还可从行业协会、企业间交流的有关资料取得。

收集信息后，要对资料进行编辑加工，去粗取精，并对资料进行分类、列表，运用统计模型和其他数学模型对数据进行处理，挖掘其中有助于营销管理决策的信息。

（四）撰写调查报告

分析信息资料之后会得到统计数据、表格和数学公式等，为了便于给营销决策者提供有价值的决策依据，还应整理出一份研究报告，全面地反映调查的最终结果。调查报告应包括调查活动的简单说明、调查的具体实施、调查的结论性意见等内容。内容简单的市场调查报告格式如表2-4所示。

表2-4 市场调查报告表

调查人		
调查区间		
调查项目		
调查目的		
调查方式	调查对象	调查结果
调查分析、说明		
调查结果		
改进建议		
批示		

汽车市场调查报告应包含以下几个部分。

1. 封面

封面上应写明调查题目、调查部门、调查者和调查日期等信息。

2. 目录

如果调查报告的内容较长、页数较多，应当使用目录或索引列出报告的主要章节和附录，同时注明每个章节的页码，便于查阅。

3. 概要

概要部分简要地说明此次调查的有关事项，包括调查目的、调查对象、调查内容、调查时间、调查地点、调查所采用的方法等。

4. 正文

正文是调查报告的主体部分，必须准确阐明全部有关的论据，包括问题如何提出、如何论证、如何分析以及最后如何得出结论。对于重点问题要做深入剖析，并尽可能地用数字和图表进行论证（图表可在附录中列出）。这样，调查报告更具有强烈的说服力和较高的可信度。

5. 结论和建议

结论和建议部分是对正文部分所提出问题、所阐述问题的总结，要与正文部分的论述紧密对应，是从调查的内容中引出的，而不是作者的主观臆测或美好向往；并从分析结论中提出能解决此次调查所提出问题的建议，以供营销决策者参考。

6. 附录

附录主要是补充正文内包含不了或没有提及的调查问卷副本、统计数据资料原稿、调查的原始记录及参考目录等。这是对正文的补充或说明。

撰写调查报告要紧扣主题、简明扼要、突出重点，内容上要有高度的确定性，不能模棱两可；形式上要醒目、简洁，排版上要清晰，以便使营销决策者一目了然。

三、汽车市场调查的方法

市场信息来源于两个方面：一手资料和二手资料。一手资料，即实地调查资料，是为当前的某种特定目的而收集的原始资料；二手资料，即已经公开发表并已为某种目的而收集起来的资料。市场调查要求既收集二手资料，又要收集一手资料。获取一手资料的调查方法和二手资料的调查方法有所不同。

（一）一手资料的调查方法

一手资料的调查方法主要有访问法、观察法、实验法等。

1. 访问法

访问法是收集原始资料、进行实地调查的一种最常用的方法，是指以当面、电话或书面等不同形式向被调查者提出询问，以获得所需调查资料的调查方法。具体调查形式有直接访问法、堵截访问法、电话访问法、邮寄访问法等。

（1）直接访问法

直接访问法是指调查者到被调查者的家中或工作单位进行访问，与被调查者面对面进行交谈收集资料的方法，这种访谈可以采用提前设计好的问卷或提纲依照问题顺序提问的"标准式访谈"形式，也可采用围绕调查主题进行"自由交谈"的形式。这种调查方法适用于调查范围较小、调查项目较复杂的情况，或为了获得顾客对某个产品、某个广告的想法时适用。

优点是：①调查直接性强，有深度。由于是面对面交流，调查者可以采用一些方法，如图片、样品等来激发被调查者的兴趣，深入了解被调查者的状况、想法。②灵活性强。调查者可以根据调查的现场情况，如对被调查者的态度、表情进行察言观色，随时解释其疑问，并灵活掌握提问题的顺序。③获取信息快，回收率高。通过直接访问当场就能获得相关信息，且被调查者一般不会拒绝回答问题，回收率高。直接访问法缺点是：①调查费用高，尤其是大规模的、复杂的调查，如果需要逐一进行访谈将增加调查成本；②调查结果易受调查人员水平、被调查者情绪等的影响。

（2）堵截访问法

堵截访问法有街头访问法、商场拦截法或留置调查三种具体形式。①街头访问法是在事先选定的若干街道、路边选取调查对象，征得其同意后再在现场按问卷进行面访调查。②商场拦截法是在商场这个特定的环境中针对某些顾客群在商场的适当位置进行拦截，将准备好的问题或问卷征求顾客回答。汽车的调查可以在汽车专卖店、汽车交易市场、汽车超市或汽配城等场所进行。③留置调查是先租定地点，然后由调查人员在事先选定的地区选取访问对象，征其同意后带到租定的地点进行面访调查。堵截访问法应注意问卷或问题的内容不宜过长，问题简单明了。

堵截访问法的优点是：访问地点较集中，可节省访问成本，同时避免了入户的困难。但其也有一定的局限性：不管在街头还是卖场进行拦截，受访者通常有自己的事，拒访率较高，就算受访的话，也没有充裕的时间，因此调查不能深入，不适合内容较多、较复杂或不能公开的问题的调查。

（3）电话访问法

电话访问法是指通过电话向被调查者询问有关调查内容的一种调查方法，可以由受过训练的电话专访员进行，也可采用全自动电话访谈技术，使用内置声音回答技术取代调查人员的人工语音通话。

这种调查方法的优点是：①调查成本低，节省时间。对于一些急于收集到的资料而言，采用电话调查法最快速。②统一性较高。用电话调查，大多已按照拟好的标准问卷询问，资料的统一程度高。缺点是：①调查不能深入，电话调查的时间不能太长；②调查工具无法综合使用，如照片、图表、样品等；③真实性差，调查人员不在现场，不能察言观色，对回答问题的真实性难以做出判断，且电话专访员的声调、语气、用词等也会在一定程度上影响受访者的回答。

（4）邮寄访问法

邮寄访问法是指将事先印制好的调查问卷或调查表格，通过邮政系统寄给选定的被调查者，由被调查者按要求填写好后再寄回来，调查者通过对寄回的调查问卷或表格的整理分析，得到市场信息。现代的邮寄访问法也可以通过 E-mail 进行。邮寄调查的应用范围较之直接访问和电话访问要小，对于时效性要求不高，名单、地址比较清楚，费用比较紧张的调查可考虑使用这种方法。还应注意邮寄问卷前提前通知，邮寄后用电话或短信息跟踪提醒，并给予一定的物质奖励。如果是已经建立了良好关系的样本群体，如交易往来密切的产业用户，使用这种方法就比较简单。

邮寄访问法的优点是：①调查的区域较广，调查成本低，无须对调查人员进行专门的培训和管理，只需花少量的邮资和印刷费用。②准确性高。被调查者有充分的时间填写问卷，并受调查者态度、情绪等因素的影响小，可以较准确地回答问题。缺点是：①调查问卷的回收率难以保证，调查的时间较长。②问卷回答的可靠性较差。由于无法交流，不能判断被调查者回答问题的可靠程度，如被调查者可能误解问题的意思或受他人影响。

总的来说，各种形式的访问调查方法都各有优缺点，调查者可根据具体情况，选择使用。

2. 观察法

观察法是指调查人员到调查现场进行观察和记录，既可以耳闻目睹，也可以利用照相机、摄像机、录音机等进行记录。

观察法通常要用到一些调查仪器，如电流计，用于测量一个对象在看到一个特定广告或图像后所表现出的兴趣或感情的强度；眼相机，用于研究被调查人员眼睛活动情况；收视器，一种安装在接受调查的家庭电视机上的电子设备，用于记录电视机收看的时间和频道。

观察法具体包括以下几种方式：①调查人员在市场中以局外人的方式秘密注意、跟踪和记录顾客的行踪和举动以取得调查资料，如可对某汽车销售店顾客的客流量进行观察和统计，旁听了解顾客对汽车价格的反映情况，对汽车配置的需求情况、顾客对某车型留意时间的长短等进行观察调查。美国一些市场调查公司将这种方式称之为"顾客的影子"，即为各商场提供市场调查人员，充当顾客的影子。当这些人接受商场聘请之后，便设法了解顾客购买哪些商品，停留多久，多少次会回到同一件商品面前以及为什么在挑选很长时间后失望地离开等。美国许多企业得益于这类调查，并使经营更具针对性，更贴近消费者。②调查人员在市场中通过扮演顾客了解购物环境、服务质量等。在调查竞争对手相关情况时采用这种方法就能够获得比较真实的信息，从而有针对性地改善本企业的不足之处。目前很多汽车厂商对其授权的经销商进行调查时都会用到这种方法，被称为"神秘顾客"，即厂家派调查人员以顾客的身份到 4S 店购买汽车或进行售后服务，检查 4S 店销售流程、售后流程等是否符合厂家标准，通过"神秘顾客"对经销商进行考核。③对现场遗留下来的实物或痕迹进行观察以了解或推断过去的市场行为。

为了保证观察结果具有代表性，进行现场观察时，最好不让被调查者有所察觉，尤其是在使用仪器观察时更要注意隐蔽性。

观察法的优点是自然、客观、直接，因为这种方法不向被调查者提出问题，不要求被调查者具有语言表达能力或文字表达能力，而是从侧面观察、旁听、记录现场发生的事实，了解被调查对象的态度、行为，使被调查者处于自然状态，所获资料的准确性高。例如，当采用访问法调查"您是否打算购买轿车"，作为被调查者即使回答你的问题，可能会想：我说买你没有权利一定要我非买不可，那我就选择购买。采用观察法到轿车销售现场进行观察：有多少个购买者进行咨询？他们都问了什么问题？有多少人只是看看？有多少人购买了轿车？购买的是什么品牌、类型的轿车？这样观察的结果都是事实，可信度高。

缺点是：①观察深度不够，有些信息观察不到，即只能观察到人的外部行为，不能说明其内在动机。例如，通过观察法搜集"行人对公司广告牌的关注程度"的信息，调查广告效果的调查人员，经过观察法得到这样一组调查结果：有27%的行人会用4~10秒的时间将目光停留在广告牌上；18%的行人会停下脚步仔细观看广告牌上的内容；1%的行人会用4分钟以上的时间站立在广告牌下观看广告的内容。所以，广告的效果令人满意。但调研机构后续运用个别访问法发现，站在广告牌下许久的行人都是在等约会的人。虽然面对广告牌但全然不知广告的具体内容。②观察法成本高，限制性较大，仅适用于较小的环境，观察活动受时间和空间的限制，被观察者有时难免受到一定程度的干扰而不完全处于自然状态等。

3. 实验法

实验法是指从影响调查问题的许多可变因素中选出一个或两个因素，将它置于同一条件下进行小规模的实验，然后分析实验结果，确定研究结果是否值得大规模推广，它是研究问题各因素之间因果关系的一种有效手段。实验法的应用范围较广，如汽车的价格、广告、陈列方法等因素的改变，都会影响其销售量的变化，在判定这些因素改变的相互影响关系和程度时都可以运用这种方法。实验法的最大特点是把调查对象置于非自然状态下开展市场调查，它的优点在于：①主动性，实验调查法通过实验活动提供市场发展变化的资料，不是等发生某种市场现象了再去调查，而是积极主动地改变某种条件，揭示或确立市场现象之间的相关关系；②客观性和实用性，在真实或模拟真实的环境下的调查方法，取得的信息资料比较可靠，并能排除主观估计所形成的偏差；③可控性，根据调查需要设计干预因素，能有效控制实验环境，提高调查的准确性。

缺点在于实验法通常花费的时间长、费用大，实验中可能存在有不可控制的因素，因而会在一定程度上影响实验效果。另外，实验法只适用于对当前市场现象的影响分析，它对历史情况和未来变化的影响较小，因而它的应用有一定的局限性。

汽车企业在实际的市场调查活动中，应该详细地了解每种调查方法的优缺点，根据企业调查的目标、调查的内容及企业本身的条件，选择最适合企业获取信息而成本又比较低的调查方法。通常来说，访问法是比较适合汽车企业进行市场调查的方法。

（二）二手资料的调查方法

二手资料的调查方法可以采用文案调查法。文案调查法又可称为间接调查法，是通过查阅、收集历史和现实的各种资料，并经过甄别、统计分析得到各类资料的一种调查方法。它要求所收集的资料要广泛、全面，利用多种机会、多种信息渠道大量收集各方面有价值的信息；同时，资料要有针对性，二手资料大多是针对其他目的而形成的，因此要有针对性地重点收集与本次调查主题关系密切的资料；资料还要有时效性，资料反映的情况变化了，资料就失去了价值。资料的主要来源分为企业内部资料和企业外部资料。

1. 企业内部资料

与企业经营活动有关的发货单、订货合同、销售记录、顾客反馈信息；企业生产销售中的各类统计资料、财务资料等。

2. 企业外部资料

国家统计机关公布的统计资料，包括行业普查资料、政策、法规；行业协会发布的行业资料；图书馆存档的商情资料；各类国内外公开出版物、研究报告、网络信息等。

文案调查法的优点是调查的费用低，速度快，不受时间、空间的限制，其反映的信息、内容较为真实、客观。缺点是获得的资料时效性不强；对已获得的资料进行加工处理、数量分析的工作量大。

总结拓展

本任务共分为两部分内容，第一部分介绍了汽车市场调查的内涵和内容，第二部分介绍了汽车市场调查的类型、基本步骤和方法。

项目巩固

实训编号：qcyl02	建议学时：4学时
实训地点：户外 + 室内	小组成员姓名：
一、实训描述 1. 演练任务：制作汽车市场调查表。 2. 演练目的：熟练掌握汽车市场调查步骤和方法。 3. 演练内容：自拟题目，进行关于汽车市场方面的调查。 二、相关资源 以"汽车市场调查方法"为关键词查询相关网络资料	

三、实训实施

1. 以 2~4 人为一组,选出组长。
2. 分组制定出具体调查方案。
3. 小组撰写本次市场调查 PPT,并选出代表进行汇报

四、实训成果

根据教师要求的具体内容,分组练习后全班展示

五、实训执行评价

序号	考核指标	所占分值	考核标准	得分
1	制作汽车市场调查表	10	明确目的,内容	
2	收集市场信息资料	50	能够下放问卷,收集信息	
3	撰写市场调查报告	40	对汽车市场进行分析,形成报告	

项目三

汽车市场需求分析

任务一 汽车市场需求特点

任务目标

1. 了解汽车产品的使用特点。
2. 了解私人购买需求。

案例引入

根据调查统计数据，现在整体消费人群跟十年前或者五年前发生了较大的转变。五年前主要购车人群是70后、80后，但是今天购车主要人群是80后和90后，以及逐渐占主流地位的00后。80后、90后占到整体汽车消费60%左右。而在新能源汽车市场，尤其是入门级新能源汽车，女性消费者贡献了将近半壁江山。

值得注意的是，80后已经开始步入了增换购的阶段。豪华品牌整体终端零售中，80后贡献了将近40%的份额。基本上中国消费者置换车的周期是6~9年，2021年将会有

1000多万车主换车。换购的人越来越多，换购的比例越来越高，进而推动了豪华品牌、高级别城市，包括高端、高价值链车型，超过整体市场平均水平的增长。而且在"十四五"期间，还有大规模车主进入置换高峰期，这是我们对未来中国车市充满信心的主要原因。

知识链接

汽车市场营销的过程就是充分满足汽车用户需要的过程，汽车营销从业人员必须对顾客购买汽车的行为进行研究，掌握其中的规律和特点，这将有利于其实施针对性强、富有成效的汽车营销策略，从而提高营销效率和营销业绩。

一、汽车产品的使用特点

汽车消费市场由私人消费市场和集团组织市场（产业市场和政府市场）两部分组成，在这些消费市场中，汽车产品的差异性导致各消费市场具有不同的特性。

随着现代科技和制造业的高速发展，为了适应各种需要，汽车的结构和性能有很大的不同。从小排量汽车到超级跑车，从普通家用轿车到多功能运动型汽车，从微型面包车到豪华大巴车，从小型双排座到大吨位载重车，无论是功能还是价格，都有了很大的差别，其价格从几万元到几千万元不等。汽车是一种高档耐用消费品，但是由于上述这些差距的存在，汽车具有明显不同于一般生产资料和消费资料等有形商品的使用特点。这种使用上的特殊性体现在以下四个方面。

1. 作为生产资料使用

例如，各类生产型企业利用自己的汽车，进行原材料及生产成品的运输等。由于这类运输活动构成企业生产活动的一部分，因而汽车属于一种生产资料。国民经济基本建设单位、公共工程建设单位等集团组织，也将汽车作为必不可少的设施装备，汽车也是其生产资料的一部分。对从事公路专业运输、出租汽车运输、城市公共交通、汽车租赁、旅游业务等经营或营运活动的单位和个人来说，汽车还作为经营资料使用。

2. 作为消费资料使用

汽车作为消费资料，可以用于满足各类企事业单位、各级政府机关、非营利组织团体等公务及事业活动需要，以及用于解决职工上下班的通勤等。它作为生活耐用消费品，快速进入广大居民家庭消费领域。此时，汽车（轿车、微型客车等）作为消费资料，主要用于私人代步，满足消费者个人出行的需要。

3. 用于特殊需要使用

作为特殊需要使用的车辆，它们既不作为生产资料，也不属于消费资料，而是用于国防需要。还有用于各种用途的特种车辆，如用于消防、医疗救护等特殊需要的车辆。

4. 作为身份的象征

美国通用汽车公司由于在 20 世纪 30 年代推出凯迪拉克轿车而一举获得巨大成功，凯迪拉克的顾客不是购买运输工具，而是购买地位和身份。汽车已不仅是一种代步工具，还是一种身份的象征。

二、汽车私人消费市场的需求特点

汽车私人消费市场的消费者受经济、社会、文化等因素的影响，呈现出千差万别、纷繁复杂的形态。但从总体来讲，各种需求之间存在着共性，具体来说有以下特点。

1. 消费需求的多样性

汽车消费者在收入水平、文化素质、兴趣爱好、生活习惯、年龄性别、职业特点、地理位置、民族传统、宗教信仰等方面存在着不同程度的差异，因而在消费需求上也表现不同的需求特性。例如，青年人喜爱运动型的汽车，而老年人喜爱舒适型的汽车。又如，经常在道路条件较差的地区活动的人，所选择的车辆主要是通过性要好（如越野车）；主要在城市范围道路条件较好地区活动的人，所选择的车辆主要是舒适性要好（如轿车）。总之，人们对汽车的需求是多种多样的，从而表现出多样性的特点。

2. 消费需求的层次性

消费者的市场需求，是受其货币支付能力和其他条件制约的。在各类条件一定的情况下，他们对各类消费资料的需求有缓有急，有强有弱，有低有高，呈现出层次性。由于消费者在社会上所处地位的不同，对汽车所需求的层次也就不同。一般人购买汽车的主要目的是代步工具，所选购的汽车大多为经济型的。某些人购买的汽车必须体现其身份和地位，所选的车型大多为豪华型的。

3. 消费需求的伸缩性

消费者市场的需求量，是由多种因素决定的。外因包括商品供应数量的多少、价格的高低、广告宣传的程度、销售服务的优劣等；内因包括消费者取得该商品或服务的紧迫性和自己的货币支付能力。因此，只要上述因素发生了变化，就会引起消费者市场需求的相应改变，这种改变可能变多，也可能变少，从而表现出市场需求的伸缩性。一方面，汽车作为一种高档耐用商品，具有较强的价格弹性，即汽车的售价对个人需求有较大的影响；另一方面，这种需求的结构是可变的，当客观条件限制了这种需求时，它可以被抑制，或转化为其他需求，或最终被放弃；反过来，当条件允许时，个人消费需求不仅会得到实现，甚至会发展成为流行消费。

4. 消费需求的可诱导性

对于大多数私人消费者而言，由于他们缺乏足够的汽车知识，在购买时要经历一个了解情况的过程，只要某种产品宣传得多，知名度高，即使质量与其他商品相同也会有人争相购买。这就决定了消费者市场需求的可诱导性，消费者往往会受到周围环境、消费风尚、人际关系、宣传报道等因素的影响，对某种车型产生较为强烈的需求。例如，由于有人购买某款轿车，使用后感到该款轿车售价低、油耗低、质量好、方便灵活，是很实用的代步工具，受其影响，后来他的朋友先后有 10 人购买了该款轿车。

5. 消费需求的可替代性

私人购买汽车在面临多种选择时，一般要进行反复的比较、鉴别，"货比三家"。只有那些对私人消费者吸引力强、各种服务较好的商家的汽车产品才会导致消费者最终购买。也就是说，能够满足消费者需要的不同品牌或不同商家之间存在竞争性，消费者需求表现出可替代性。

6. 消费需求的发展性

消费者的市场需求不会静止在一个水平。随着经济的发展和时代的进步，人们生活水平不断提高，消费者对市场商品和服务的需求也在不断发展变化，在原有的需求满足以后，又会产生新的消费者市场需求。总的说来，是按照由简单到复杂，由低级到高级，由数量上的满足到要求质量充实的方向前进的。因此，汽车私人消费需求也是永无止境的。在不过分增加购买负担的前提下，消费者对汽车的安全、节能、舒适、功能及豪华程度等方面的要求总是越来越高。

除上述特点外，消费者的市场需求还具有便捷性（即要求购买、使用、取得和服务方便）、季节性（根据历史的经验，汽车市场的火爆往往具有季节性、周期性、阶段性），以及地域性特点（即不同地区有不同的需求，在特定时期内，经济发达地区的消费者达到这一收入条件的人比其他地区的人多，这一地区的汽车需求明显比其他地区高，从而表现出一定的在地理上的集中性）。企业应认真研究这些特点，并以此作为市场营销决策的依据，更好地满足消费者需求，扩大商品销售，提高经济效益。

拓展资料

为了树立帕萨特清晰、独特的品牌性格，上海大众策划并实施了一系列递进的宣传活动。

帕萨特的广告宣传语"惊世之美，天地共造化"一度脍炙人口，也将帕萨特的优雅外观、完美工艺形象烙进了人们的心中。

然而，随着市场的发展，奥迪、别克、雅阁等国际品牌竞争对手的成长，中高档轿车的品牌宣传越来越需要一个清晰的市场定位与独特的品牌性格。在分析研究竞争对手的情况后，上海大众对帕萨特进行了重新描述——"一部有内涵的车"，博大精深，从容不迫，优秀却不张扬。

2001年7月，帕萨特的主题电视广告"里程篇"投播，以对人生成功道路的回顾和思索，把品牌与成功连接在了一起，同时为该品牌积淀了丰富的人文内涵。

2003年1月，上海大众推出了帕萨特2.8V6，配备了2.8V6发动机和诸多全新装备，是大众中高档产品在我国市场的最高配置。该车将帕萨特的尊贵与卓尔不凡乃至整个上海大众的形象推向了一个新的层面。在电视广告宣传中，上海大众利用了"里程篇"所奠定的"成功"基础，将"成功"提升到了更高境界。在这部广告片中，我们可以看到山、水、湖泊、森林、平原、沙漠变换中蕴藏着无限生命力，无疑创意者在表现帕萨特2.8V6的动力。在平面媒体中，上海大众加强了对帕萨特2.8V6"内在力量"的宣传，与电视宣传形成内外呼应、整体配合的效果。但是所有的广告宣传背景都贯穿了一条线索——"修身、齐家、治业、行天下"，该线索借用深入人心的"儒家"思想，概括了中国人的人生态度和抱负，使得"成功"的境界登峰造极。经过了修、齐、治、行四个递进阶段后，帕萨特智慧、尊贵、大气、进取的品牌个性也就毫不张扬地得到了印证。

除电视广告、平面广告等大众媒体外，消费者的宣传手册也很重要。上海大众的做法是详细介绍了帕萨特2.8V6的新技术、新功能，如2.8升V型6缸5气门发动机、侧面安全气囊、电动可调带记忆电动加热前座椅、带雨量传感器的车内后视镜、桃木方向盘、前大灯清洗装置等。

总结拓展

本任务讲述了汽车产品的使用特点，同时描述了汽车私人消费市场的需求特点，在汽车营销工作中要对消费群体和消费对象了如指掌，才能更好地做好营销工作。

项目三 汽车市场需求分析

任务二 了解消费者购车行为和动机

任务目标

1. 了解生理性动机和心理性动机。
2. 了解消费者购车行为模式。
3. 了解消费者购买行为类型。

案例引入

一直以来，跑车为大多数消费者特别是年轻人所青睐。但由于跑车价格不菲，许多消费者难以实现其消费愿望。

1964年，福特公司推出了一种经济型轿跑车"野马"，该品牌车上市价格仅为豪华跑车价格的1/3左右，一时间赢得了消费者的认可，取得了良好的销售成绩。之后，通用、克莱斯勒公司均将多款轿跑车陆续投放市场，但福特的轿跑车"野马"一直是领军品牌，至今仍雄踞全球跑车单品牌车销售量的榜首。

我国同样有不少酷爱跑车的消费者，进口跑车价格昂贵。对此，吉利汽车集团有限公司推出了经济型跑车。这种跑车性价比高，因此也受到了消费者的喜爱。

知识链接

一、生理性购买动机

生理性购买动机，是指人们由于生理上的本能需要所引起的购买动机。具体表现在以下几个方面。

1. 维持生命的动机

由于这些意念与欲望而产生的购买衣服、饮料、食物等的购买动机,如消费者天冷欲求暖衣,口渴欲求凉饮,饥饿欲求饱食等就属于这一类。

2. 保护生命的动机

消费者为保护生命安全而产生的购买药品防病治病等的购买动机。

3. 延续生命的动机

消费者为组织家庭、抚育子女及增强体质等而产生的购买动机。

4. 发展生命的动机

消费者为提高自己的劳动技能和科学知识而产生的购买满足发展需要的商品的购买动机。一般来说,在生理动机驱使下的购买行为,具有经常性、重复性和习惯性的特点。为满足生理需要的商品的伸缩性较小,多数是日常生活不可缺少的必需品。因此,企业要针对消费者的生理性购买动机的特点,合理组织生活必需品的生产、销售,更多注重商品的内在质量,力求物美价廉,使用安全。

二、心理性购买动机

心理性购买动机,是指由于人们的认识、情感和意志等心理活动而引起的购买动机。它是消费者为了满足社交、友谊、娱乐、享受和事业发展的需要而产生的。例如,为了迎合时尚而购买流行服饰;为了事业更上一层楼而选择购买辅导图书学习;为了结识朋友而购买礼品等。

由于消费者心理的复杂性,心理性购买动机比生理性购买动机更为复杂。一般可分为感情动机(包括情绪动机和情感动机)、理智动机和信任动机。这是一些共性的基本的心理活动所引起的一般动机。然而,实际生活中,由于消费者各自的需要、兴趣、爱好、性格和价值观不同,在具体购买商品时心理活动要错综复杂得多。一般比较常见的具体购买动机中的心理活动,可大体归为以下几类。

(一)求实心理动机

求实心理动机是消费者比较普遍的一种心理动机,它以注重商品的实际使用价值为主要特征。具有这种购买动机的消费者在购买商品时,特别重视商品的实际效用、内在质量、经久耐用、使用方便等特点,而不太追求商品的外观。这类消费者以经济收入较低者和中老年人居多。他们购买商品比较慎重,认真挑选,不易受社会潮流和各种广告的影响。营销人员应有针对性地为顾客推荐车型，尊重和满足他们的这种购买愿望。

（二）求廉心理动机

求廉心理动机是一种以追求廉价商品为主要特征的购买动机。这类消费者特别重视商品价格，对包装、款式、造型等关注度较低，而他们特别热衷于特价、折扣价商品，因此是残次商品、积压处理商品的主要顾客，一般以低收入或节俭的人居多。接待这类顾客，应该实事求是地介绍商品，着重宣传与同类商品的比价，以激发他们的购买欲望，促其成交。

（三）求名心理动机

求名心理动机是一种以追求名牌优质商品为主要特征的购买动机。这类消费者特别注重商品的牌号、商标、产地和产品在社会上的声誉。他们一般信赖名牌商品的质量，也有为了显示自己购买能力比别人强，或显示自己的身份、地位而追求名牌商品的。接待这类顾客要热情诚恳，着重介绍商品的优点和名贵之处。在名牌商品供不应求时，应耐心介绍同类优质产品，以较好地满足他们的需要。

（四）求新心理动机

求新心理动机是一种以追求商品的时尚和新颖为主要特征的购买动机。这类消费者特别追求商品的款式、颜色、造型是否新颖别致，是否符合社会的新潮流，而对商品的实用程度和价格高低则不太计较。这类消费者以经济条件较好的青年居多，他们富于想象，追逐潮流，甚至喜欢标新立异，购买商品时往往感情用事。这些人易受广告和其他外界宣传的影响，是新产品、流行产品的主要消费者。接待这类顾客，要详细介绍商品的性能和优缺点，帮助他们冷静选择，尽量减少售后退货。

（五）求美心理动机

求美心理动机是一种以注重商品的欣赏价值或艺术价值为特征的购买动机。这类消费者购买商品时，特别重视商品本身的造型、色彩、图案、款式和艺术性，以及消费时所能体现出来的风格和个性，对价格不敏感。他们购买商品的目的不仅仅是满足使用上的需要，而且是为了对人体和环境进行美化和装饰，以陶冶自己的精神生活。这种类型的消费者往往是工艺品、化妆品、装饰品的主要消费对象。接待这类顾客要耐心细致，多向他们介绍商品的特点和艺术价值。

此外，还有追求安全心理、好奇心理、好胜心理、从众心理、习俗心理、同步心理、优先心理、时差心理、仿效心理、观望心理等心理动机。由于消费者的心理动机复杂多样，在购买某一商品时往往同时存在好几种心理状态，因此在接待顾客时要善于观察和分析，找出起主导作用的心理动机，有针对性地介绍产品和服务，才能有效促成交易。

三、消费者购买行为类型

消费者的购买行为有多种类型，可从不同角度划分。

（一）根据消费者性格分析划分

从一般的意义来分析，不同的人有不同的性格，不同的性格就有不同的消费购买行为。

1. 习惯型购买行为

习惯型购买行为是由信任动机产生的。消费者对某种品牌或对某个企业产生良好的信任感，忠于某一种或某几种品牌，有固定的消费习惯和偏好，购买时心中有数，目标明确。

2. 理智型购买行为

理智型购买行为是理智型消费者发生的购买行为。他们在做出购买决策之前一般会经过仔细比较和考虑，胸有成竹，不容易被打动，不轻率做出决定，决定之后也不轻易反悔。

企业一定要真诚地提供令顾客感到可信的决策信息，如果企业提供的信息可信，消费者就会对企业产生信任而再度光临。如果企业提供的信息不可信，那么消费者下次可能就对企业敬而远之。企业要真诚地提供给顾客所需要的各种有关信息。我国现阶段的私人汽车消费者大多属于这种类型。对于这类顾客，营销人员应制定策略帮助他们掌握汽车产品知识，使消费者知道产品的更多优点，促使他们购买自己销售的产品。

3. 经济型购买行为

具有经济型购买行为的消费者特别重视价格，一心寻求经济划算的商品，并由此得到心理上的满足。针对这种购买行为，在促销中要使消费者相信自己所选中的商品是最物美价廉的、最划算的，要称赞消费者很内行，是很善于选购的顾客。

4. 冲动型购买行为

具有冲动型购买行为的消费者往往是由情绪引发的，年轻人居多，容易受产品外观、广告宣传或相关人员的影响，做出决定比较轻率，易于动摇和反悔。这是在促销过程中可以大力争取的对象，但要注意做好售后工作，让他们确信自己的选择是正确的。

5. 想象型购买行为

具有想象型购买行为的消费者往往有一定的艺术细胞，善于联想。针对这种消费者，可以在包装设计、产品造型上下功夫，让消费者产生美好的联想，或在促销活动中注入一些内涵。例如，濮存昕成功地塑造了中年男人的形象，使拥有商务通的人感到离成功男人的形象又近了一步等。

6. 不定型购买行为

拥有不定型购买行为的消费者常常没有明确的购买目标，表现形式常常是三五成群，步履蹒跚，问的多、看的多、选的多而买的少。他们往往是一些年轻的、新近开始独立购物的消费者，易于接受新的东西，消费习惯和消费心理正在形成之中，尚不稳定，缺乏主见，没有固定的偏好。对于这样的消费者，首先要满足他问、选、看的要求，热情周到，给他留下深刻的印象。

（二）根据消费者行为的复杂程度和商品本身的差异划分

1. 复杂型购买行为

复杂型购买行为是消费者初次购买差异性很大的耐用消费品时发生的购买行为。购买这类商品时，通常要经过一个认真考虑的过程，广泛收集各种有关信息，对可供选择的品牌反复评估，在此基础上建立起品牌信念，形成对各个品牌的态度，最后慎重地做出购买选择。

2. 和谐型购买行为

和谐型购买行为是消费者购买差异性不大的商品时发生的一种购买行为。由于商品本身的差异不明显，消费者一般不必花费很多时间去收集并评估不同品牌的各种信息，而主要关心价格是否优惠，购买时间、地点是否便利等。因此，和谐型购买行为从引起需要、产生动机到决定购买，所用的时间比较短。

3. 习惯型购买行为

习惯型购买行为是一种简单的购买行为，属于一种常规反应行为。消费者已熟知商品特性和各主要品牌特点，并已形成品牌偏好，因而不需要寻找、收集有关信息。

4. 多变型购买行为

多变型购买行为是为了使消费多样化而常常变换品牌的一种购买行为，一般是指购买品牌偏好差别虽大但较易于选择的商品，如饮料等。

拓展资料

桑塔纳轿车系列中被俗称为"普桑"的老车型，虽然属于淘汰车型，但每年仍然可以销售10万辆左右，市场占有率大。这就是具有保守性购买动机的消费群体的消费区域。"普桑"的价格已降低了一半多，生产成熟，品质稳定，而且买中级车享受经济车的消费，维修市场零配件充足便宜，维修工对车型最为熟悉，车型老、不起眼，用得安心、放心。

总结拓展

本任务主要讲述了消费者购车动机和购车模式，消费者的购买动机是极其复杂的，购买动机可概括为生理性购买动机和心理性购买动机。消费者的购车行为是指消费者为满足自己的需要，在一定的购买动机支配下，进行实际购买活动的行动过程。汽车营销从业人员必须通过与消费者的沟通，充分理解消费者的购车动机，并熟悉消费者的购车模式，进而更好地掌握消费者何时、何地、由谁、如何购买，以及消费者购买行为类型。

任务三 了解行为因素对消费者购车的影响

任务目标

了解影响消费者购买行为的四要素。

案例引入

> 20世纪80年代末，日产公司在美国市场推出豪华轿车"无限"（英菲尼迪）。在电视广告中见不到靓丽的车型，代之以反复呈现的大自然、原野、雷雨、大海和森林。广告词：所谓的豪华是指一种多彩的自然感觉，所谓的美是指一种密切的个人关系。这种在视觉、听觉上给予的豪华和美丽观念给许多消费者留下了深刻的印象，这正符合他们的信念。英菲尼迪轿车从此屡屡列在美国各品牌轿车年销售量的前几名。

知识链接

汽车消费者的成长环境、所受的教育、社会地位、收入、文化、性别、家庭组成等因素都会对消费观念、消费行为产生影响。通过本任务的学习，同学们可以掌握影响消费者购车行为的因素，在营销实践过程中可以积极主动地引导消费者的购车行为。

一、文化因素

（一）文化与消费者购买行为

1. 文化

文化一般是指人类在社会发展过程中所创造的物质财富和精神财富的总和，表明人类所创造的社会历史的发展水平、程度和质量的状态。这里的文化，主要是指观念形态的文化（精神文化），包括思想、道德、科学、哲学、艺术、宗教、价值观、审美观、信仰、风俗习惯等方面的内容。文化是一种社会现象，是在一定的物质基础上形成的，是一定的政治和经济的反映。由于不同社会或国家的文化通常是围绕着不同的因素在不同的物质基础上建立起来并与之相适应的，因此不同社会或国家的文化往往存在较大的差异。社会文化通过各种方式和途径向社会成员传输社会规范和价值准则，影响社会成员的行为模式。大部分人尊重他们的文化，接受他们文化中共同的价值准则，遵循其中的道德规范和风俗习惯。所以，文化对消费者的需求和购买行为具有强烈而广泛的影响。这种影响表现为处于同一社会文化环境中的人们在消费需求和购买行为等方面具有许多相似之处，处在不同社会文化环境中的人们在消费需求与购买行为等方面具有很大的差异。

2. 亚文化

亚文化是一个不同于文化类型的概念。所谓亚文化，是指某一文化群体所属次级群体的成员共有的独特信念、价值观和生活习惯。每一个亚文化都会坚持其所在的更大社会群体中大多数主要的文化信念、价值观和行为模式。同时，每一个亚文化都包含着能为其成员提供更为具体的认同感和社会化的较小的亚文化。亚文化一般可分为以下几种。

1）种族亚文化。白种人、黄种人、黑种人等，各有不同的文化传统。

2）民族亚文化。各个民族都有各自不同的民族习惯和生活方式。

3）宗教亚文化。天主教徒、基督教徒、伊斯兰教徒和佛教徒等都有其宗教的尊崇和禁忌，形成一定的宗教文化。

4）地理亚文化。我国幅员辽阔，人口众多，各地区都有不同的习俗和爱好，如饮食习惯、语言等。

3. 消费者的文化价值观

价值观是关于理想的最终状态和行为方式的持久信念。它代表着一个社会或群体对理想的最终状态和行为方式的某种共同看法。因此，文化价值观为社会成员提供了关于什么是重要的、什么是正确的以及人们应该追求一个什么样的最终状态的共同信念。它是人们用于指导其行为、态度和判断的标准，而人们对特定事物的态度，一般也反映和支持其自身价值观。

4. 影响非语言沟通的文化因素

不同国家、地区或不同群体之间所存在的语言上的差异是比较容易被察觉的，容易被人们忽视的往往是那些影响非语言沟通的文化因素，包括时间观念、空间概念、礼仪、象征、契约和友谊等。如果忽视这些非语言沟通的文化因素，就容易失败。

（二）社会阶层与消费者购买行为

消费者均处于一定的社会阶层。同一阶层的消费者在社会经济地位、日常表现行为、态度和价值观念等方面具有同质性，不同阶层的消费者在这些方面存在较大的差异。因此，弄清社会阶层对于了解消费者行为具有特别重要的意义。

1. 社会阶层的含义

社会阶层是由具有相同或类似社会地位的社会成员组成的相对持久的群体。每个群体都会在社会中占据一定的位置，这种社会地位的差别使社会成员分为高低有序的层次或阶层。

社会阶层是一种普遍存在的社会现象，直接原因是个体获取社会资源的能力和机会的差别。社会资源是人们所能占有的经济利益、政治权力、职业声望、生活质量、知识技能及各种能够发挥能力的机会和可能性，也就是能够帮助人们满足社会需求、获取社会利益的各种社会条件。出现不同社会阶层的根本原因是社会分工和财产的个人所有。由于社会分工，形成了不同的行业和职业，并且在同一行业和职业形成了领导和被领导、管理和被管理等错综复杂的关系。当这类关系与个人的所得、声望和权力联系起来时，就会在社会水平分化的基础上形成垂直分化，从而造成社会分层。

2. 社会阶层的特征

社会阶层能够反映一个人特定的社会地位。一个人的社会阶层与其特定的社会地位相联系的。处于较高社会阶层的人，必定拥有较多的社会资源，在社会生活中具有较高的地位；反之，处于较低社会阶层的人拥有的社会资源则较少，在社会生活中地位也相对较低。

1）社会阶层具有多维性。社会阶层并不是单纯由某一个变量，如收入或职业所决定，而是由多个因素共同决定。吉尔伯特和卡尔将决定社会阶层的因素分为经济变量、社会互动变量和政治变量。经济变量包括职业、收入和财富；社会互动变量包括个人声望、社会联系和社会化；政治变量包括权力、阶层意识和流动性。

2）社会阶层具有层级性。从最低的地位到最高的地位，使社会形成一个地位连续体。不管愿意与否，社会中的每一成员都处于这一连续体的某一位置上。那些处于较高位置上的人被归入较高层级，反之则被归入较低层级。

3）社会阶层对行为的限定性。大多数人在和自己处于类似水平和层次的人交往时会感到很自在，而在与自己处于不同层次的人交往时会感到拘谨甚至不安。因此，社会交往较多地发生在同一社会阶层之内。一方面，同一阶层内社会成员有更多的互动，会强化共有的规范与价值观，从而使阶层内成员间的相互影响增强；另一方面，不同阶层之间较少互动，会限制产品、广告和其他营销信息在不同阶层人们间的流动，使彼此的行为呈现更多的差异性。

4）社会阶层的同质性。社会阶层的同质性是指同一阶层的社会成员在价值观和行为模式上具有共同点和类似性。这种同质性在很大程度上由他们共同的社会经济地位决定。对营销人员来说，同质性意味着处于同一社会阶层的消费者会订阅相同或类似的报纸、观看类似的电视节目、购买类似的产品、到类似的商店购物，这为企业根据社会阶层进行市场细分提供了依据和基础。

5）社会阶层的动态性。社会阶层的动态性是指随着时间的推移，同一成员所处的社会阶层会发生变化。

二、社会因素

1. 相关群体与消费者购买行为

群体是指具有共同目标或兴趣的两个或两个以上的人联结而成的人群。个人的相关群体，是指对一个人的态度和行为等具有直接或间接影响的一群人。群体人员之间一般经常接触和互动，从而能够相互影响。

相关群体是指能直接或间接影响一个人的态度、行为或价值观的团体。相关群体可分为直接相关群体和间接相关群体两种基本类型。直接相关群体也称为成员群体，即一个人从属的并受其直接影响的群体。成员群体又分为首要群体和次要群体两种。首要群体是一个人经常受其影响的群体，如家庭、朋友、同学、邻居和同事等。首要群体往往是非正式组织。次要群体是一个人不经常受其影响的群体，如工会、职业协会、学生会等。次要群体多为正式组织。

间接相关群体也称为非成员群体，即仅受其间接影响的群体。非成员群体又分为向往群体和厌恶群体两种。向往群体是指一个人推崇效仿的，期望成为其中一员或与之交往并受其影响的群体。例如，常有一些崇拜者、追随者仿效电影明星、体育明星、歌星等的穿着打扮，这些明星就是其崇拜者、追随者的向往群体。厌恶群体是指一个人讨厌或反对的一群人。一个人总是不愿与其厌恶群体发生任何联系，在各方面都希望与之保持一定的距离，甚至经常反其道而行之。

除了厌恶群体，消费者通常与其相关群体具有某些相似的态度和购买行为。群体结合得越紧密、交往过程越有效、个人对群体越尊重，它对个人的购买行为影响就越大。相关群体对消费者购买行为的影响取决于多方面的因素，可以概括为以下几个方面。

1）产品使用时的可见性。一般而言，产品或品牌的使用可见性越高，群体影响力越大，反之则越小。

2）产品的必需程度。对于生活必需品，相关群体的影响相对较小；对于非必需品，购买时受相关群体的影响较大。

3）产品与群体的相关性。某种活动与群体功能的实现关系越密切，个体在该活动中遵守群体规范的压力就越大。

4）产品的生命周期。当产品处于导入期时，消费者的产品购买决策受群体影响很大，但品牌决策受群体影响较小。在产品成长期，相关群体对产品及品牌选择的影响都很大。在产品成熟期，群体影响在品牌选择上大，在产品选择上小。在产品的衰退期，群体影响在产品和品牌选择上都比较小。

5）个体对群体的忠诚程度。个人对群体越忠诚，就越可能遵守群体规范。

6）个体在购买中的自信程度。自信心越强，群体的影响力越小。

2. 家庭与消费者购买行为

家庭是社会的基本单位，在正常情况下，人的一生大多是在家庭中度过的。家庭对个体的性格和价值观的形成，对个体的消费与决策模式均会产生非常重要的影响。

影响家庭决策方式的因素主要有家庭组员对家庭的财务贡献、决策对特定家庭组员的重要性、夫妻性别角色取向。一般来说，某个家庭组员对家庭的财务贡献越大，其在家庭购买决策中的发言权也越大。同样，某一决策对特定家庭组员越重要，该组员对决策的影响就越大。性别角色取向，是指家庭组员多大程度上会按照传统的男、女性别角色行动。除了上述因素，影响家庭购买决策的因素还包括文化和亚文化、角色专门化分工、个人特征等。

三、个人因素

1. 家庭生命周期

当消费者处在不同家庭生命周期阶段时，会表现出不同的特点。家庭生命周期分为八个阶段，每个阶段的行为和特点也不相同，如表 3-1 所示。

表 3-1 家庭生命周期八个阶段及其购买特点

家庭生命周期阶段	行为和购买模式
单身	无财务负担，追逐潮流，崇尚娱乐和休闲，不少年轻人在此阶段开始购车
新婚	财务状况较好，购买力强，耐用品购买力高
满巢一期 最小的孩子小于六岁	孩子的需求成为家庭消费的中心，家庭需要购买婴儿食品、服装、玩具等产品，对新产品有浓厚兴趣，对财务状况不满意
满巢二期 最小的孩子已超过六岁	用于孩子教育的支出会大幅度上升。财务状况较好，喜欢购买数量多的大包装商品，开始购买汽车等高档产品
满巢三期 中年夫妇，孩子未独立	家庭财务状况明显改善，会更新大件商品，购买更新潮的家具，对耐用品平均购买力最高，购买的可能性较大
空巢一期 子女不同住，家长仍在工作	有自己的住房，对财务状况满足，喜欢旅游，对新产品兴趣不大，一些人为出游方便购车
空巢二期 子女不同住，家长年老退休	收入减少，购买医疗用品及保健用品
孤独期 夫妻一方过世，家庭进入解体阶段	生活节俭，与其他退休者类似

2. 职业经济状况

一个人的职业、经济状况也能影响消费模式和对汽车的需求。营销人员应设法找出那些对汽车有强烈需求的职业群体。一个人的经济状况对汽车的需求和选择影响极大。经济状况包括收入、借债能力及对消费和储蓄的态度等。

3. 个性

个性是个体在多种情境下表现出来的具有一致性的反应倾向，它对消费者是否更容易受他人的影响；是否更倾向于采用创新性产品；是否对这些类型的信息更具有感受性等均有一定的预示作用。消费者个性的差异导致购买行为的不同。消费者的个性还导致消费者在购买过程中的不同表现，许多消费者倾向于购买与其具有相似而独特的"个性"产品或购买那些可以强化并提高自我形象的产品。

4. 生活方式

生活方式实际上是自我观念的外在表现和反映，是指一个人在生活方面所表现出的兴趣、观念及参加的活动。生活方式与个性既有联系又有区别。一方面，生活方式很大程度上受个性的影响。一个具有保守、拘谨性格的消费者，其生活方式不可能太多包容如越野、登山之类的活动；另一方面，生活方式侧重于人们如何生活、如何消费、如何消磨时间等外显行为，而个性则侧重于从内部描述个体，更多反映个体思想、情感。

四、心理因素

消费者购买行为还要受到个人需要与动机、知觉、学习与记忆、消费者态度和信念等心理因素的影响。

1. 个人需要与动机

人类的行为动机总是为满足个体的某种需要而产生。需要是有机体对延续和发展其生命所必需的客观条件和反应。动机是推动人们为满足某种需要而从事某种活动的意念、愿望和理想等，动机是由需要产生的，消费者是在消费需要的基础上产生购买动机，在购买动机的支配下发生购买行为的。一个人可能同时存在多种需要，不是每种需要都会产生动机，也不是每种动机都会引起行为。动机之间不但有强弱之分，而且有矛盾和冲突，只有最强烈的动机才会导致行为。马斯洛的需求层次理论将人类需要分为五种基本类型，如图3-1所示。

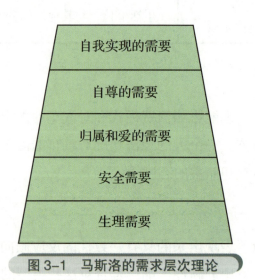

图3-1 马斯洛的需求层次理论

1）生理需要。维持个体生存和人类繁衍而产生的需要，如对食物、氧气、水、睡眠等的需要。

2）安全需要。在生理及心理方面免受伤害，获得保护、照顾和安全感的需要，如对人身健康、安全有序的环境、稳定的职业和有保障的生活等的需要。

3）归属和爱的需要。希望给予或接受他人的友谊、关怀和爱护，得到某些群体的承认、接纳和重视。例如，乐于结识朋友、交流感情，表达和接受爱情，融入某些社会团体并参加他们的活动等的需要。

4）自尊的需要。希望获得荣誉，得到尊重和尊敬，得到一定的社会地位的需要。自尊的需要是与个人的荣辱感紧密联系在一起的，它涉及独立、自信、自由、地位、名誉、被人尊重等多方面内容。

5）自我实现的需要。希望充分发挥自己的潜能，实现自己的理想和抱负的需要。自我实现是人类最高级的需要，它涉及求知、审美、创造、成就等内容。

马斯洛的需求理论很适合我国当前的私家车消费市场。有汽车购买动机的人，肯定是满足生理需要后才可能去购车。购车的群体中，又根据其所需要满足的不同目的，选择不同的品牌和不同价位的车型。这一理论可以更好地帮助营销人员识别现实和潜在的消费者。

2. 知觉

个体通过眼、鼻、耳、舌等感觉器官对事物的外形、色彩、气味、粗糙程度等个别属性做出反映，这就是感觉。人在感觉的基础上，形成知觉。知觉，是人脑对刺激物各种属性和各个部分的整体反映，它是对感觉信息加工和解释的过程，属于感性过程。

由于不同消费者对同一商品的印象可能有比较大的差异，因此所形成的知觉也有很大差异。心理学认为，知觉过程是一个有选择性的心理过程，可分为选择性注意、选择性曲解和选择性记忆。

1）选择性注意。人们在日常生活中会接触很多刺激物，大部分会被过滤掉，只有少部分会引起人们的注意。一般有三种情况较能引起人们的注意：一是与目前需要有关的，如正要购买轿车的人对轿车的广告特别注意；二是预期将出现的，如早已等待观看的节目；三是变化幅度大于一般的、较为特殊的刺激物，如某款轿车降价18%的广告比降价5%的广告，会引起人们更多的注意。

2）选择性曲解。人们面对客观事物，不一定都能正确认识，如实反映事物的真实意思，往往是按照自己的偏见或先入之见来曲解客观事物。这种按个人信念曲解信息的倾向，称为选择性曲解。例如，消费者一旦倾向于某一汽车品牌时，即使了解到该品牌车的某些缺点，也依然很难改变对该品牌的好感。

3）选择性记忆。人们对所了解到的东西，不可能统统记住，而主要记住那些符合自己信念的东西。因此，营销人员要吸引消费者的注意，把信息有目的地传达给消费者。例如，许多汽车厂商在推出新产品时，为了引起消费者的注意，会举办一些大型的促销活动或广告宣传，这些活动中，一些成功的组织活动会给消费者留下一个美好的记忆。

3. 学习与记忆

人类的行为有些是本能的、与生俱来的，但大多数行为（包括消费行为）是从"后天的经验"中得来的。通过学习，消费者获得了丰富的知识和经验，提高了对环境的适应能力。同时，在学习过程中，其行为也在不断调整和改变。

根据学习的效果，可将学习分为加强型学习、削弱型学习和重复型学习。消费者使用某种品牌的汽车，如果觉得满意，可能会对该品牌汽车的有关知识和信息表现出更加深厚的兴趣，对其印象和好感也会加强，这一类型的学习就是加强型学习。削弱型学习是通过新的观察和体验，使原有的某些知识和体验在强度上减弱直至被遗忘。消费者使用某品牌汽车后，如果觉得不满意，或通过他人了解该品牌汽车质量不佳，就会产生负面强化效果，减弱其购买兴趣，这一类型的学习就是削弱型学习。重复型学习则是通过学习，只是在原有水平上重复而已。

4. 消费者态度和信念

消费者态度是人们长期保持的关于某种事物或观念的是非观、好恶观。人们对任何事物都会形成一定的态度，这种态度不是天生的，是后天学习得来的。态度一旦形成，具有相对持久和稳定的特点，并逐步成为个性的一部分。因为态度所表现的持久性、稳定性和一致性，使态度改变具有较大的难度。消费者一旦形成对某种品牌汽车的态度，往往不易改变，汽车企业应适应消费者的态度，而不要勉强改变消费者的态度。

消费者信念是指消费者对事物所持的认识。不同消费者对同一事物可能拥有不同的信念，而这种信念又影响消费者的态度。一些消费者可能认为进口汽车的质量比国产汽车的质量要好；但另一些消费者反而认为国产汽车不一定比进口汽车质量差，部分甚至远远好于进口车。

拓展资料

20世纪60年代初，日本丰田公司由于懈怠于策划，很长一段时间没有生产新产品，轿车的生产和销售方面被日产公司远抛在后面。于是，丰田公司开始进行精心策划。首先，是对光环牌轿车的车型进行更新、发动机改装；接着又重新策划了丰田广告，电视里反复播新广告片，光环牌轿车坚固耐用的印象在公众心目中产生。从1964年9月丰田公司开始出售新型光环牌轿车，到1965年4月光环牌轿车在市场上的销量远超日产公司，1967年光环牌轿车已在小轿车市场上遥遥领先。丰田公司这一反败为胜的例子说明，市场就是战场，竞争如同战争，只有善于策划精于用谋，才能立于不败之地。

总结拓展

本任务详细讲解了消费者购车行为的四个主要因素：文化因素、社会因素、个人因素和心理因素。同学们要熟记这四个主要因素，为工作时更好地了解客户打下坚实的基础。

项目巩固

实训编号：qcyl03	建议学时：4 学时
实训地点：户外 + 教室	小组成员姓名：

一、实训描述

1. 演练任务：根据基本知识点分析某品牌汽车市场消费行为，拟订调研方案，并进行实地调研活动。
2. 演练目的：分析某 4S 店汽车消费市场与用户的消费行为。
3. 演练内容：运用分析的影响因素与消费者的特点进行结合。

二、相关资源

以"汽车市场需求分析"为关键词查询相关网络资料

三、实训实施

1. 以 4~6 人为一组，选出组长。
2. 分组制订出具体调研方案。
3. 小组撰写本次汽车市场需求分析调研 PPT，并选出代表进行汇报

四、实训成果

根据教师要求，分组练习后全班展示

五、实训执行评价

序号	考核指标	所占分值	考核标准	得分
1	拟订方案	10	方案是否可行	
2	实地调研活动	50	下发问卷，实地调研	
3	分析汽车市场需求	40	结合所学知识分析	

项目四

汽车目标市场定位

任务一 认知汽车市场

任务目标

1. 了解市场定位的概念。
2. 了解市场定位方法和步骤。
3. 了解目标市场分类原则。

案例引入

美国通用汽车公司在日本铃木、五十铃和富士重工三家汽车公司都拥有部分股权，但通用公司完全没有控制这些公司品牌的计划。原因正如原通用公司总裁里克·瓦戈纳所说的："我们与铃木、五十铃和富士重工的关系是两种完全不同的概念。"同时，瓦戈纳还向新闻媒体透露，通用也不打算将其旗下的两个豪华轿车品牌凯迪拉克和绅宝合并在一起，因为"这是两个完全不同的品牌，它们在不同的领域都拥有自己不同的客户群"。

知识链接

一、汽车市场细分的概念和作用

（一）汽车市场细分的概念

市场细分，就是企业根据市场需求的多样性和用户购买的差异性，把整个市场划分为若干具有相似特征的用户群。每个用户群就是一个细分市场，而每个细分市场又包含若干细分子市场。市场细分化就是分辨具有不同特征的用户群，把它们分别归类的过程。企业选择其中一个或若干个用户群作为开发目标。

市场能够细分的前提，是市场需求的相似性和差异性。

（二）汽车市场细分的作用

汽车企业实行目标市场营销，对于改善汽车企业经营，提高经营效果具有重要作用，具体体现在以下几个方面。

1. 有利于发现汽车市场营销机会

运用汽车市场细分可以发现汽车市场上尚未被满足的需求，并从中寻找适合本汽车企业开发的需求，抓住汽车市场机会。这种需求往往是潜在的，一般不容易被发现，而运用汽车市场细分的手段，就便于发现这类需求，有利于汽车企业抓住汽车市场机会。日本铃木公司在打开美国市场时，通过细分市场，发现美国市场上缺少为18~30岁年轻人设计的省油、实用的敞篷车，因此推出了小型轿车"铃木SJ413"，也就是"铃木武士"，并获得成功。

2. 有效地制定最优营销策略

汽车市场细分是目标市场选择和汽车市场定位的前提，是以目标市场选择为基础的。汽车企业营销组合的制定都是针对所要进入的目标市场，离开目标市场的特征和需求的营销活动是无的放矢，是不可行的。

3. 有效地与竞争对手相抗衡

汽车市场细分，有利于发现汽车用户群的需求特性，使汽车产品富有特色，甚至可以在一定的汽车细分市场中形成垄断的优势。汽车行业是竞争相当激烈的一个行业，大部分车型有相类似的车型作为其竞争对手，但是，如果细分市场选择正确，也可以在一定程度上具有垄断的优势。例如，福特公司为使凯迪拉克汽车减少竞争压力，恢复传统销售势头，曾做过一次市场调查，发现凯迪拉克的竞争对手有通用公司的林肯、奔驰的梅赛德斯-奔驰，还有宝马、沃尔沃和尼桑等。但是，凯迪拉克并没有将劳斯莱斯作为竞争对手，那是因为劳斯莱斯一直采用全手工制作，从汽车产品的宣传到汽车企业形象，乃至劳斯莱斯的性能和售价，都决定了劳斯莱斯是豪华车中的王者之作，至今和任何品牌的豪华车都不存在竞争关系。

4. 扩大汽车市场占有率

汽车企业对汽车市场的占有是从小至大，逐步拓展的。通过汽车市场细分，汽车企业可以选择最适合自己占领的某些子市场作为目标市场。当占领这些子市场后，再逐渐向外推进、拓展，进一步扩大汽车市场的占有率。

5. 有利于汽车企业扬长避短、发挥优势

汽车企业的营销能力对于整体市场都是有限的。汽车企业必须将整体市场进行细分，确定自己的目标市场，这一过程正是将汽车企业的优势和市场需求相结合的过程，有助于汽车企业集中优势力量，开拓汽车市场。

汽车市场细分及其目标市场营销，既是汽车企业市场营销的战略选择，又是汽车企业市场竞争的有效策略。它不仅适合实力较强的大型汽车企业，也适合实力不强的中小型汽车企业。因为中小型汽车企业的资源相对有限，技术力量相对缺乏，竞争能力相对低下，通过汽车市场细分并结合汽车企业自身特点，选择一些大型汽车企业不愿顾及、市场需求相对较小的汽车细分市场，集中精力做出成绩，取得局部优势，是立足汽车市场和求得生存发展的秘密武器。

二、汽车市场细分的标准

汽车市场的细分标准有多种，下面介绍一些常见的细分标准。

（一）按地理位置细分

按地理位置细分是把市场分为不同的地理区域，如国家、地区、南方、北方、高原、山区等。各地区自然气候、经济文化水平等因素，影响消费者的需求和反应，如在城市用的汽车和山区用的汽车就是有差别的。又如，由于经济发展速度和人民生活水平的不同，华东沿海地区与西部边远地区的消费者相比，需求相对较高，因此，汽车企业纷纷将华东沿海地区与西部边远地区作为主要细分营销市场，分别实施不同的营销方案。

（二）按人口特点细分

按人口特点细分，是按照人口的一系列性质因素来辨别消费者需求的差异，即按年龄、性别、家庭人数、收入、职业、教育程度、民族、宗教等性质因素来细分。在研究轿车市场时，通常按居民的收入水平进行市场细分。在人口特点各因素中，消费者的收入水平始终是汽车营销进行市场细分必须考虑的因素。一辆汽车即使性能再好，设计再新颖，如果消费者

的收入不足以负担这种汽车的价格，那么汽车市场就很难做强做大。

（三）按购买者心理细分

按购买者心理细分，是按照消费者的生活方式、个性等心理因素上的差别对市场加以细分。生活方式是指一个人或一个群体对于生活消费、工作和娱乐的不同看法或态度；个性不同也会产生消费需求的差异。因此，国外有些企业根据消费者的不同个性对市场加以细分。例如，有的市场学家研究发现，有活动折篷的汽车和无活动折篷的汽车的购买者的个性存在差异，前者比较活跃、易动感情、爱好交际，而后者则较前者沉稳、安静很多。又如，所有世界著名的汽车品牌往往都被赋予了个性色彩，这些都是按照购买者心理特征的要求设计的。

（四）按购买者的行为分

按购买者的行为分，是根据用户对产品的认知、态度、使用与反应等行为将市场细分为不同的购买者群体。

1. 购买理由

按照购买者购买产品的理由而被分成不同的群体。例如，有人购买汽车是为了日常代步，有人则是为了节假日自驾外出旅游。厂家可根据用户不同的需求提供不同的产品。

2. 利益追求

消费者购买商品的利益追求往往各有侧重，这也可作为市场细分的依据。在不同的利益追求当中，有追求汽车产品物美价廉的，有追求名牌赶潮流的，有追求汽车动力性的，也有追求汽车操控性的，还有将汽车作为身份地位象征的。例如，丰田公司的汽车产品中，既有中庸实用的"花冠"，也有作为身份象征的"皇冠"；既有适合追求动感、活力的白领的"锐志"，也有充满时尚色彩，适合刚刚工作的年轻人的"新威驰"。

3. 使用情况

对于消费品，很多市场可按使用者的情况，细分为某一产品的未使用者、曾使用者、以后可使用者、初次使用者和经常使用者等类型；也可以按某一产品使用率进行细分，则可分为少量使用者、中量使用者和大量使用者等类型。

4. 品牌忠诚程度

消费者的品牌忠诚程度包括对企业的忠诚和对产品品牌的忠诚。按照消费者的品牌忠诚程度，可以分为绝对忠诚型、适度忠诚型、转移型（喜新厌旧型）、多变型。企业应考察和研究各类消费者的特征，以不断增加自己产品的购买群体及数量，同时了解本企业产品和营销方面的薄弱环节以及竞争对手的产品特点和优势所在。

5. 待购阶段

消费者对各种汽车产品，特别是新上市车型，总处于不同的待购阶段。按待购阶段不同对市场进行细分，便于企业针对不同阶段的待购群体，运用适当的市场营销组合，促进销售。

6. 态度

消费者对于产品的态度可分为五种：热爱、肯定、冷漠、拒绝和敌意。对持不同态度的消费者应当结合其所占比例，采取不同的营销措施。

（五）按最终用户的类型细分

不同的最终用户对同一种产品追求的利益不同。企业分析最终用户，就可针对不同用户的不同需要制定不同的对策。我国的汽车市场按用户类型，可以分为生产型企业、非生产型组织、非生产型个人（家庭）和个体运输户等细分市场；还可分为民用、军用两个市场，军用汽车要求质量绝对可靠、越野性能好、按期交货，但对价格并不太在意；民用汽车要求质量好、服务优、价格适中。

（六）按用户规模细分

按用户规模，可将汽车市场划分为大、中、小三类客户。一般来说，大客户数目少但购买额大，对企业的销售市场有着举足轻重的作用，企业应特别重视，注意保持与大客户的业务关系；而对于小客户，企业一般不应直接供应，可以通过中间商销售。

（七）按汽车的级别细分

按照国家规定，发电机排量小于或等于1L，属于微型车；排量大于1L且小于或等于1.6L，属于普通级轿车；排量大于1.6L且小于或等于2.5L，属于中级轿车；排量大于2.5L且小于或等于4L，属于中高级轿车；排量大于4L，属于高级轿车。因此，按照汽车的级别可将汽车市场分为微型车市场、普通级轿车市场、中级轿车市场、中高级轿车市场、高级轿车市场。

大多数情况下，市场细分通常不是依据单一标准，而是把一系列划分标准结合起来进行细分。

我国某大型集团公司，主要生产各种重型汽车，其重型汽车在市场占据重要地位。为进一步开拓国内市场，市场部进行了市场细分并据此确定目标市场。大的层次上，以省、直辖市为区域，按工业布局、交通发展情况、资源性质、原有集团产品保有量等情况，将国内市场细分为重要市场、需开发市场、需重点培育市场、待开发市场。按行业类别划分市场，运输需求量大的煤炭、石油、金属等行业为重要市场，基础设施建设，如高速公路建设、铁道建设、港口建设等为重点开发市场，远离铁路的乡镇矿山及采石场、乡镇小化肥厂等为需重点培育市场。该市场在划分标准上就把重要程度、地理、行业、基础设施建设等标准结合起来对市场进行细分。

三、汽车市场细分原则

（一）可衡量性

用于汽车细分市场的特征必须是可以衡量的，细分出的汽车市场应具有明显的特征和区别。例如，整车销售中，通用的市场细分方法有两种：一是按照排量分；二是按照价格划分。后者可以将市场划分为高、中、低三种，每种市场都有鲜明的特征。例如，高档车用户注重车辆的外观、性能、豪华程度，对价格不敏感；而低档车用户则对价格相当敏感，要求耗油量小、耐用等。

（二）可进入性

要根据汽车企业的实力，量力而行。汽车细分市场本来就是为了让汽车企业可以扬长避短，只有充分发挥汽车企业的人力、物力、财力和营销能力的子市场，才可以作为目标市场，不然就是对汽车企业资源的浪费。

（三）效益性

在汽车细分市场中，被汽车企业选中的子市场必须具有一定的规模，即有充足的需求量，使汽车企业有利可图，并实现预期利润目标。因此，细分出的市场规模必须恰当，能使汽车企业得到合理盈利。

汽车企业要在汽车细分市场中获得盈利，除了考虑汽车市场的规模，还要考虑汽车市场上竞争对手的情况。如果该市场已经有大量的竞争对手，而汽车企业又没有明显的优势，同样不适宜进入该市场。

（四）有发展潜力

汽车市场细分应当具有相对的稳定性，汽车企业所选中的目标市场不仅要为汽车企业带来当前利益，还要有发展潜力，有利于汽车企业立足于该市场后可以拓宽汽车市场。因此，汽车企业选择的目标市场不能已经处于饱和或者即将饱和状态。

（五）差异性

企业进行市场细分应尽可能地区别于已有的或竞争对手的市场细分，以突出自己的特色和个性，以便发现更多有价值的市场机会。如果细分出来的各个子市场对企业营销变量组合中的任何要素的变动都能做出差异性反应，则说明市场细分有效；若反应相同，则说明细分无效。通常可供选择的变量很多，但有些变量是企业习惯使用的，企业进行市场细分时，思维上往往容易受到它们的约束，以致市场细分分不出特色。这样无疑会影响企业对市场机会的发现、把握和利用。有效的市场细分，必须突出本企业与其他企业的差异性，这样才可以在接下来的营销活动中巧妙出击，出奇制胜。

拓展资料

福特公司从1957年历时10个春秋才开发出来的"埃德塞尔"牌中档轿车,也是从2000多个候选方案中精心挑选而来的。在我国,江铃与福特公司联合开发的"全顺"汽车,其品牌也是征集而来。此款名为"Transit"的汽车,原来有"捷运"和"穿梭"两个中文名字。但是,无论是江铃还是福特公司都对这两个名字不太满意。"捷运"属空穴来风,"穿梭"如飞去来器。于是决定向社会公开征集中文标志。1997年1月9日,江铃公司以"Transit车已来中国,怎么称呼Transit车中国名"为题,在《经济日报》上刊登了半版征名广告,要求寓意深刻、符合特点,易识、易记,贴近中国汽车文化,最好能与Transit谐音。广告刊登后,共收到有效应征作品3767件。经征名活动评委会反复评议、精心挑选,认为"全顺"不但贴近中国文化,符合中国公众追求吉祥、平顺的心理,而且与Transit的读音相谐,遂以"全顺"来命名该款汽车。

总结拓展

本任务讲述了汽车市场细分的概念和作用,营销人员要将产品所面向的顾客分为若干个消费群体,并逐一描述顾客特征。

任务二 选择汽车目标市场

任务目标

1. 熟悉目标市场具体选择方法。
2. 了解目标市场评估。

案例引入

"年轻人的第一辆车"提出了年轻的上班族崭新的生活方式——拥有汽车、拥有一个属于自己的移动空间,享受驾驭乐趣,这不只是有多年工作经历的上班族的专利,年轻的上班族同样也能进入汽车时代。而在此前,年轻的上班族的出行方式基本上是公交或自行车，打出租车只是偶尔的事情。国内的汽车厂商一般都认为，年轻的上班族不会买车，或者说上班族需要多年积累才有实力买车，而且即使在有了一些经济实力之后，上班族在买房与买车之间一般是选择前者，而不是后者。而奇瑞QQ打破了传统的社会理念和消费观念，为年轻的上班族提出了汽车消费新理念。

奇瑞公司经过调查得知，金融信贷工具在国内的广泛使用和信贷市场的成熟，增强了年轻上班族的购买力，培育了他们信贷消费的全新理念，且年轻人注重生活质量，崇尚时尚的生活方式，这使得年轻人提前拥有自己的轿车成为现实可能和主观需要。另外，随着年轻人的成长，他们对社会的贡献越来越大，他们所占据的社会位置越来越重要，社会对他们的经济回报也一定是越来越大，年轻的上班族到那时还会更换更高价位的轿车。这就是奇瑞QQ"年轻人的第一辆车"产品定位的创意初衷，也表明了奇瑞公司对汽车消费市场的深入分析和对目标消费群体的准确把握。

知识链接

一、目标市场选择

在选择目标区域市场时，营销人员需要把握一定的原则和方法。

（一）目标市场的选择原则

1. 市场分类原则

按照不同的分类标准，可以将市场分为不同的类别。

（1）按照产品的生命周期划分

1）投入期市场，是指在企业的市场开拓安排前提下，产品开始导入该区域市场。

2）成长期市场，是指产品导入某市场以后，销售已经启动，产品在该市场的需求量稳步上升。

3）成熟期市场，是指市场基本饱和，需求基本稳定，市场上的产品流通畅通无阻。

4）衰退期市场，是指市场需求开始下降，出现供大于求的状态，预计销售与实际销售的差距逐渐增大。

（2）按照市场进入的难易程度划分

1）钉子市场，是指虽然企业投入了很多营销资源，付出了很大努力，但是仍不见成效的市场。

2）重点市场，是指也许目前的市场销量并不大，但从长远看，具有战略意义的市场。

3）典型市场，是指市场规模大、盈余高、资源投入少的市场。

4）零点市场，是指由于某些原因，企业尚未开拓的市场。

2. 目标市场选择的原则

汽车企业在选择目标市场时，要结合企业、产品、市场等各个方面的因素，综合考虑，选择时一般采取"四化"原则。

1）营销资源投入最小化。以最小的营销资源投入，获得最大的市场收益，这是企业最理想的目标。

2）达到营销目标时间最短化。任何目标市场，从开拓到实现规模盈余都需要一个过程。这段时间越短，企业见效越快，成本回收期越短。

3）实现营销目标管理最简化。企业在不同的目标市场要设定一定的经营目标（即期望值），为了实现经营目标，投入的管理成本越小越好，管理越简单越好。

4）规模盈余最大化。实现目标市场的预期营销目标后，能够实现的盈余规模越大越好。

上述"四化"原则，往往不可能同时实现，甚至原则之间相互冲突，这就要求营销人员在进行市场选择时，根据企业的经营状况以及在各区域市场的营销策略，有针对性地进行考虑。

（二）目标市场的选择方法

目标市场的具体选择方法如下。

1）将企业的产品可能适销对路的区域定位为"目标市场"，作为候选对象。

2）把目标市场中企业当前的营销能力可以涉及的区域定位为"首选市场"。

3）把首选市场中可能创造局部优势的区域定位为"重点市场"，应当全力开拓。

4）把重点市场中可以起到辐射作用的区域定位为"中心市场"，应充分利用各种营销资源，发挥其市场优势，努力开拓。

5）把上述市场以外的区域定位为"次要市场"，当前无须全力开拓，但可有针对性地培育市场，选择客户。

二、目标市场的评估

（一）细分市场的规模和发展的评估

评估细分市场的规模和发展主要是对目标市场的规模与企业的规模和实力相比较进行评估，以及对市场增长潜力的大小进行评估。

（二）市场吸引力的评估

本项目的吸引力主要是指企业目标市场上长期获利能力的大小，这种获利能力的大小主要取决于五个群体（因素）：同行业竞争者、潜在的新加入的竞争者、替代产品、顾客和供应商，如图4-1所示。

这五个群体具有威胁性，需采取相应的应对措施。

• 对供应商：建立良好的合作关系和开拓多种供应渠道。

• 对顾客：提供顾客无法拒绝的优质产品。

• 对同行业竞争者：只有不断开发新产品，提高产品质量。

• 对替代产品：需密切注意其价格趋势。

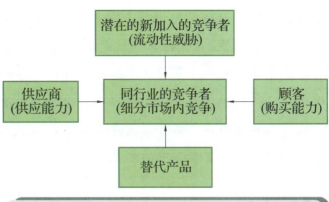

图4-1　影响细分市场吸引力的五个因素及其关系

• 对潜在的新加入的竞争者：增加进入壁垒的难度，使其不易进入。

如果某个市场已有为数众多或实力强大的竞争者，或有可能招致更多的竞争者，或替代产品竞争能力很强，或购买者谈判能力很强而各种苛求又太多，或企业的供应商能够在很大程度上控制企业对该市场产品的供应，那么这个细分市场的吸引力就会下降。

（三）汽车企业的目标和资源的评估

如果某个细分市场具有一定规模和发展特征，其组织结构也有吸引力，则企业必须对该市场是否符合企业的长远目标，是否具备获胜能力以及是否具有充足的资源等情况进行评估。汽车企业对细分市场进行科学评估后，接下来就可以制定相应的目标市场营销战略。

📝 拓展资料

2005年9月1日，借公司成立五周年的契机，上海华普海尚305下线。这款专为都市精英女性打造的时尚轿车，早在上海车展期间已被炒得沸沸扬扬。车本身并没有太多与众不同之处，最引人瞩目的是华普率先喊出的"女性车"概念。这个与众不同的概念，让普普通通的海尚305"坐"上了"中国首款女性车"的"宝座"，更让华普这个新生的弱势品牌，第一次引起了如此强烈的关注。华普千方百计围绕零碎细分市场做文章、寻求差异化竞争的做法，对于既无强大实力，又缺乏经验的弱势自主品牌来说，也许是一条可行的道路。

自打出"女性车"概念以来，华普就开始通过各种活动为海尚305的下线乃至上市预热。例如，招募女性赛车手，参加上海华普赛车定期训练及相关比赛。新颖的招募方式和良好的比赛成绩吸引了众多女性的目光。华普不但抓住了女性的眼球，更抓住了目标消费者的心。

华普再度出击，推出以"女性、汽车、生活"为主题的"海尚佳人"笔会征文活动，邀请各阶层的女性参加，并喊出希望通过本次笔会活动呼吁全社会关注现代女性汽车消费群体的口号。显然，华普是在打造一种专属于自己的女性汽车文化，在推进女性汽车文化的同时，扩大"女性车"海尚305的知名度。

上海华普汽车有限公司董事长徐刚曾在多种场合谈到了华普的发展思路：华普不求多，不求大，只做大公司因利小不愿干的、小公司因技术不够干不了的产品，在几个细分市场寻求自己的特点。"女性车"就是华普根据这个指导思想发掘出来的细分市场。徐刚在接受记者专访时重申了华普立志进行差异化竞争的决心："产品一定要以用户需求为导向，在现代社会，女性消费者占了相当一部分，对适合女性使用的汽车需求很大，但是目前没有一款真正的女性车，华普正是看到了这个极其细碎的细分市场，通过差异化竞争，塑造华普在广大女性消费者心中的形象。"

总结拓展

市场细分为企业提供了多个营销机会，企业要对这些细分市场进行评估，并确定准备为哪些细分市场提供服务。要选择某一特定市场，企业就需要考虑目标市场选择的原则和方法。

项目巩固

实训编号：qcyl04	建议学时：4学时
实训地点：理论教室	小组成员姓名：

一、实训描述
1. 演练任务：简述市场细分原则。 2. 演练目的：熟知市场细分相关知识。 3. 演练内容：结合某汽车企业或汽车品牌对其目标市场营销战略进行分析。
二、相关资源 以"汽车市场细分"为关键词查询相关网络资料
三、实训实施 1. 以4~6人为一组，选出组长。 2. 简述市场细分的原则。 3. 小组选出代表进行讲解，要求清晰明了
四、实训成果 通过本次任务，同学们的表达能力和思维能力
五、实训执行评价

序号	考核指标	所占分值	考核标准	得分
1	搜集汽车企业	50		
2	分析汽车企业目标市场营销战略	50	结合市场细分原则	

项目五 汽车产品策略设计

任务一 汽车产品整体认知

📝 任务目标

了解汽车产品的概念。

📝 案例引入

长安汽车依托领先的研发体系和完善的产业布局，大力推进自主创新，坚持实施"第三次创新创业"战略，扎实推进新能源"香格里拉"和智能化"北斗天枢"计划，助力企业从传统的汽车制造公司向新能源、智能出行科技公司转型。通过合资参股、联合开发、产业链合作等多种合作方式，与英特尔、百度、华为、腾讯、国家电网等100余家全球优秀企业在智能化、新能源汽车技术方面展开全方位的合作，探索未来智慧出行服务新思路，打造企业产业生态"朋友圈"，铸就企业核心竞争力。同时，长安汽车通过技术创新的渐进式升级，构建起自主创新体系，掌握了智能互联、智能交互、智能驾驶三大类60余项智能化技术，实现了中国首个长距离汽车无人驾驶，发布了国内首创高科技产品"长安智慧芯",完成了 APA6.0 智能远程泊车技术的全球首发;自主研发的"蓝鲸"发动机累计 6 年获评"中国心"2020 年度十佳发动机。据了解,长安汽车连续 5 届 10 年蝉联中国汽车研发实力行业第一,成功入选国家技术创新示范企业。加快了长安向智能出行科技公司转型、向世界一流汽车企业进军的步伐。

知识链接

一、汽车产品的概念

从传统观念来看,产品就是某种有形的劳动生产物。从现代营销观念来看,这样的理解过于狭隘。产品不仅包含有形的实物,还包括无形的信息、知识、版权、实施过程以及劳动服务等内容。

GB/T 19000 系列标准指出的产品定义是"活动或过程的结果"或者"活动或过程本身"。这样的产品既可以是有形的,如各种实物;也可以是无形的,如服务、软件;还可以是有形与无形的组合,如实施一个由计算机控制的某种产品的生产过程。这是现代社会对产品形式概念的理解。

汽车产品是指向汽车市场提供的能满足汽车消费者某种欲望和需要的任何事物,包括汽车实物、汽车服务、汽车保险、汽车品牌等。汽车市场营销学关于汽车产品的概念具有两个方面的特点:①并不是具有物质实体的才是汽车产品,能满足汽车消费者某种欲望和需要的服务也是产品。②对汽车企业而言,汽车产品不仅是具有物质实体的实物本身,而且包括随同汽车实物出售时所提供的汽车服务等。简而言之,汽车企业提供的汽车产品等于汽车企业生产的实物加汽车企业提供的汽车服务。

这种汽车产品整体概念把汽车产品理解为由五个层次所组成的一个整体,包括汽车核心产品层、形式产品层、期望产品层、延伸产品层及潜在产品层,如图 5-1 所示。

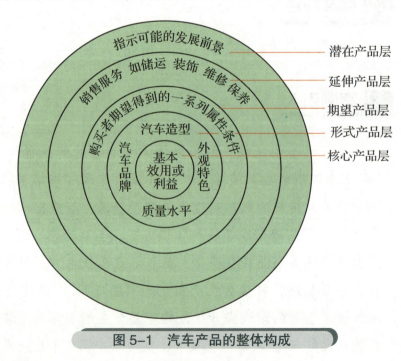

图 5-1 汽车产品的整体构成

（一）核心产品层

这是从产品的使用价值来分析，处于产品整体概念最基本的层次，是指产品提供给消费者的最基本的效用和利益。消费者通过购买可以得到诸如快捷、省时、省力、享受、愉悦、健康、舒适等物质效用以及美观、炫耀等心理效用。核心产品向人们说明了产品的实质，产品如果不含有实质，它就失去了存在的必要，也不会有任何人会花钱去购买它。企业营销人员在推销产品时，最重要的是向顾客说明产品实质。

汽车的核心产品部分是以实现运载（载人或载货）需要的功能。

（二）形式产品层

形式产品即产品的形式，较产品实质具有更广泛的内容，这是产品在市场上出现时的具体物质外形，产品形式一般通过不同的侧面反映出来，如质量水平、产品特色、产品款式以及产品包装和品牌。汽车的产品形式不仅仅是指汽车的运载功能，人们在购买时还要考虑产品的品质、造型、颜色、品牌等因素。

汽车产品的形式产品是指汽车质量水平、外观特征、汽车造型、汽车品牌。

（三）期望产品层

期望产品层是消费者在购买产品时期望能得到的一系列附属性条件。

汽车产品的期望产品是消费者在购买汽车时还希望得到舒适的车厢、安全保障设备和导航设施等附属功效。

（四）延伸产品层

延伸产品层又称附加产品，是消费者在购买形式产品和期望产品时还想得到的附加服务和利益。

汽车产品的延伸产品层是汽车的各种售后服务，如储运、装饰、维修、保养、年检、保险等。众所周知，由于汽车固有的消费特性，在其消费链条中售后服务占据了超过2/3的比重，汽车产品的延伸部分是汽车消费者和汽车售后服务商都十分重视的部分。

（五）潜在产品层

对汽车产品而言，还存在潜在产品层。汽车产品的潜在产品层是指包括现有汽车产品的所有延伸和演进部分在内，最终可能发展成为未来汽车产品的潜在状态的汽车产品。潜在汽车产品预示着未来产品的发展方向。

二、产品的分类

（一）按照产品的用途划分

按照产品的用途划分，产品可分为消费品和工业品两大类。消费品主要用于个人和家庭消费；工业品主要用于组织市场。汽车产品既可作为私人消费品，也可作为生产资料进行生产经营。

（二）按照产品的有形性划分

按照产品的有形性划分，产品可分为有形产品和无形产品。有形产品即实体产品，即看得见摸得着的产品。无形产品即服务。服务是无形的、不可分离的、可变的和易消失的，如酒店服务、教育、银行业务、旅游等。

汽车产品属于高档耐用消费品或生产资料，购买后很长一段时间里，需要汽车企业不断提高各种售后服务，是一个典型的有形产品和无形产品的结合体。

（三）按照产品的耐用性划分

按照消费品的耐用性（即使用时间长短）划分，产品可分为耐用品、半耐用品和非耐用品三类。

1）耐用品。产品使用时间长、价格比较昂贵，如房产、高档首饰、家电等。耐用品一般需要较多的人员推销和服务。

2）半耐用品。产品能使用一段时间，消费者不需要经常购买，但消费者在购买时，会对产品的实用性、颜色、质量、价格、服务等基本信息进行有针对性的比较和挑选，如服装、鞋帽等。消费者在购买此类产品时会进行细致的挑选，然后才会购买。

3）非耐用品（即消费品）。一般有一种或者多种消费用途，产品消费快，购买频繁，如烟酒、食品、日用品等。这类产品一般采用密集分销方式，产品随处都可以买到，可通过大力的广告宣传吸引顾客使用并形成消费偏好。

拓展资料

20世纪90年代后期，湖南古城永州，一座现代化的汽车工业城市已具雏形，被国家贸易委有关领导称为"冷水滩模式"的湖南长丰汽车制造股份有限公司在经过3年默无声息的快速发展后，开始走向全国，面向世界。

总结拓展

本任务讲述了汽车产品概念和分类。

任务二 制定汽车价格

任务目标

1. 掌握汽车价格制定的方法。
2. 熟悉影响汽车定价的内部和外部因素。

案例引入

雷克萨斯（凌志）自2004年进入中国市场后，曾一度成为中国市场增长最快的豪华车品牌。2011年，雷克萨斯预计2012年销量8万台，然而最后仅完成了目标的80%。当奥迪、宝马、奔驰大行其道时，雷克萨斯渐渐落后。根据市场机构统计，2012年奥迪、宝马、奔驰平均价格折扣分别为8%、11%和15%，与之相对，丰田汽车的平均折扣是6%。这或许正是丰田雷克萨斯失去绝地反击机会的主要原因。

雷克萨斯品牌轿车是经丰田在日本和加拿大的工厂进口到中国的，需要缴纳高额关税，从市场层面而言，与国产豪华车相比，毫无价格优势。从公司决策来看，在份额与利润的两难选择中，丰田汽车的天秤明显倾向了后者。在日系豪华品牌退败的局面下，凯迪拉克选择了份额优先。相关人士在谈到凯迪拉克XTS竞争力时也指出，在价格方面，奥迪A6入门级车型的价格为38.30万元，宝马5系、奔驰E级入门级车型的价格均在40万元以上，凯迪拉克XTS的价格为34.99万~56.99万元，明显低于其竞争对手。

知识链接

汽车价格是汽车市场营销中的一个非常重要的因素，它在很大程度上决定着市场营销组合的其他因素。价格的变化直接影响着汽车市场的接受程度、消费者的购买行为、汽车企业盈利目标的实现。因此，汽车的定价策略是市场竞争的重要手段，它既要有利于销售、获取利润、补偿成本，同时又要考虑消费者对价格的接受能力。本任务将从汽车价格制定方法、汽车新产品定价策略、汽车产品组合定价策略和汽车产品价格调整策略等几个方面进行阐述。

为产品定价是企业开展营销必不可少的活动，随着市场营销环境的变化，定价成为越来越复杂的问题，要受到一系列因素的影响。这些因素可以分为内部因素和外部因素两大类。

一、影响产品定价的内部因素

1. 企业的定位战略

例如，企业定位于高档，其价格也相对高，这样才能体现其高档定位的形象。如果定位于价廉物美，则产品的质量要相对较好，价格比同类产品低廉。

2. 企业的定价目标

常见的企业定价目标如下。

1）维持生存。在市场竞争激烈、产品滞销的情况下，有时企业以维持生存为目标。这时企业一般应以比较低的价格来扩大产品的销路，甚至有时可以低于单位成本。只要高于单位可变成本即可以减少亏损。

2）现期利润最大。不少企业常常采用定高价的方法，但定高价不一定能实现利润最大，因为利润不只与价格有关，还与销售量有关。

3）市场占有率最大。在市场份额会带来最低成本和最高长期利润时，企业可采用这一定价目标。采取这种目标一般是定低价。

4）维持市场稳定。大多数企业生存在一定的竞争环境中，都希望保持市场价格稳定，不希望挑起价格战。因为市场价格波动过大对企业不利。采用这种定价目标，一般与竞争者的价格保持一致。

5）达到一定的投资收益率。投资项目常采用这种定价目标。在这种目标下，价格根据投资回收的年限和投资额的大小来决定。

3. 企业的营销组合

例如，企业的定价要受产品、渠道、促销策略的影响。如果定位是高档产品，为了开发和生产高档产品，通常需要高的利润来支持，这就需要定高价。

4. 生产成本

生产成本无疑是影响定价的最重要的内部因素，尤其是在采用成本导向的定价方法的时候，它几乎成了唯一的因素。生产成本常常规定了企业定价的下限。

二、影响企业定价的外部因素

影响企业定价的外部因素主要有消费者需求、消费者对产品的认知价值、竞争者的定价和其他因素等。

1. 消费者需求

价格的高低与消费者需求的大小有密切的关系，这就是需求的价格弹性。因此，企业定价时，应充分考虑在不同价格水平下可能的销售量。

2. 消费者对产品的认知价值

消费者对产品的认知价值决定了他们能够接受的最高价格。消费者的认知价值（perceived customer value）是在产品的实际价值的基础上形成的，但它并不等于产品的实际价值。在消费者认知价值的形成过程中受两个因素的影响：一是竞争者产品的认知价值；二是企业的营销活动，如广告、人员推销、渠道、价格等。

3. 竞争者定价

竞争者的产品和价格会影响消费者对产品的认知价值，因此竞争者的产品和价格也是影响企业定价的重要的外部因素。

4. 其他因素

影响企业定价的外部因素还有很多，如市场的类型、经济形势、中间商的反映、政府有关的立法等。例如，我国房地产市场的调控政策必然会影响开发商的商品定价；我国部分一线城市受汽车限购令的影响，汽车产销量下降，很多汽车经销商转变销售计划，但是与此同时三四线城市的汽车销量却出现了明显的上涨。

【案例】在国内经济型轿车市场上，像广州本田的飞度一样几乎是全球同步推出的车型还有上海大众的POLO。但与飞度相比，POLO的价格要高得多。飞度1.3L五速手动挡的全国统一销售价格为9.98万元、1.3L无级变速自动挡销售价格为10.98万元。三厢POLO上市时的价格为13.09万−16.19万元。飞度上市后，POLO及时进行了价格调整，到12月中旬，在北京亚运村汽车交易市场上，三厢POLO基本型的最低报价是11.11万元。即使这样，其价格还是高于飞度。虽然飞度9.98万元的价格超过了部分消费者的心理预期，但在行家眼里，这是对其竞争对手致命的定价。

飞度定价上也体现了营销技巧。对于一般汽车企业来说，往往从利润最大化的角度考虑定价，想办法最大限度地获得第一桶金。这体现在新车上市时，总是高走高开，等到市场环境发生变化时才考虑降价。但这种方式存在一定的问题，即在降价时，因为没办法传递明确的信号，消费者往往更加犹豫，因为他们不知道企业是否已经将价格降到谷底。

飞度的做法则不同，它虽然是个技术领先的产品，但采取的是一步到位的定价。虽然这种做法会使消费者向经销商交一定费用才能够快速取得汽车，增加了消费者的负担。但供不应求的现象会让更多的消费者产生悬念。如果产量屏障被打破以后，消费者能够在不加价的情况下就可以买到车，满意度会有很大的提高，因为它给予了消费者荣誉上的附加值。

整体来看，飞度良好的市场表现最重要的原因之一是采用了一步到位的低价策略。汽车性能和价格在短期内都难以被对手突破。这就使长期徘徊观望的经济型轿车潜在消费者打消了顾虑，放弃了持币待购的心理，纷纷选择了飞度。

三、定价方法

制定汽车价格时主要考虑的因素是汽车产品的成本、汽车市场的需求和竞争对手的报价。汽车产品的成本规定了汽车价格的基数，汽车市场的需求决定了汽车需求的价格弹性，竞争对手的价格提供了汽车价格的参照点。在实际操作中，一般侧重于影响因素中的一个或者几个因素来选定汽车定价方法，以解决汽车定价问题。一般有汽车成本导向定价法、汽车需求导向定价法和汽车竞争导向定价法三种定价方法。

1. 汽车成本导向定价法

汽车成本导向定价法是一种以汽车成本为基础，加上一定的利润和应纳税金来制定汽车价格的方法。以汽车成本为基础的定价方法主要有以下三种。

（1）汽车成本加成定价法

汽车成本加成定价法是一种简单的汽车定价方法，就是在单台汽车成本的基础上，加上一定比例的预期利润作为汽车产品价格，价格与成本之间的差额就是利润。

$$汽车加成价格 = 单台汽车成本 \times (1+汽车成本利润率)$$

$$汽车加成价格 = \frac{单台汽车成本 \times (1+汽车成本利润率)}{1-税率}$$

其中，$汽车成本利润率 = \dfrac{要求达到的总利润}{总成本} \times 100\%$

【案例】某汽车企业一年要求达到的总利润为6 000万元，总成本是30 000万元。只生产某种汽车产品2 000台，产品税率为10%，根据汽车成本加成定价法计算汽车价格。

解答： 成本利润率 = 6 000万元 / 30 000万元 × 100% = 20%

$$汽车加成价格 = \frac{(30\,000万元/2\,000台) \times (1+20\%)}{1-10\%} = 20万元/台$$

这种定价方法的优点是：计算简便，能使汽车企业的全部成本得到补偿，并有一定的利润。缺点是：这是一种从企业而不是从市场出发的定价方法，它忽略了消费者的需求价格弹性因素。可见，此种方法主要适用于汽车生产经营处于合理状态下的企业和供求大致平衡、成本比较稳定的汽车产品。

（2）汽车加工成本定价法

汽车加工成本定价法是将汽车企业成本分为外购成本与新增成本后分别进行处理，并根据汽车企业新增成本来加成定价的方法。对于外购成本，企业只垫付资金，只有企业内部生产过程中的新增成本才是企业自身的劳动耗费。汽车加工成本定价法是将汽车企业成本分为外购成本与新增成本后分别进行处理，并根据汽车企业新增成本来加成定价的方法。计算公式如下：

$$汽车价格 = 外购成本 + \frac{汽车加工新增成本 \times (1 + 汽车加工成本利润率)}{1 - 加工增值税率}$$

其中，$汽车加工成本利润率 = \frac{要求达到的总利润}{加工新增成本总额} \times 100\%$

$$加工增值税率 = \frac{应纳增值税金总额}{销售总额 - 外购成本总额} \times 100\%$$

汽车加工成本定价法主要适用于加工型汽车企业和专业化协作的汽车企业，此方法既能补偿汽车企业的全部成本，又能协作企业之间利润分配和税收负担合理化，避免按照汽车成本加成定价形成的行业之间和协作企业之间苦乐不均的弊病。

（3）汽车目标成本价法

汽车目标成本定价法是指汽车企业以经过一定努力预期能够达到的目标成本为定价依据，加上一定的目标利润和应纳税金来制定汽车价格的方法。这里的目标成本与定价时的实际成本不同，它是企业在充分考虑未来营销环境变化的基础上，为实现企业的经营目标而拟定的一种"预期成本"，一般低于定价时的实际成本。计算公式如下：

$$汽车价格 = \frac{汽车目标成本 \times (1 + 汽车目标成本利润率)}{1 - 税率}$$

其中，$汽车目标成本利润率 = \frac{要求达到的总利润}{目标成本 \times 目标产销量} \times 100\%$

汽车目标成本的确定要同时受到价格、税率和利润的多重制约。汽车价格应确保市场能容纳目标产销量，扣税后销售总收入在补偿目标产销量计算的全部成本后能为汽车企业提供预期的利润。此外，汽车目标成本还要充分考虑原材料、工资等成本价格变化的因素。汽车目标成本定价法是为谋求长远和总体利益服务的，较适用于经济实力雄厚、生产和经营有较大发展前途的汽车企业，尤其适用于新产品的定价。采用汽车目标成本定价法有助于汽车企业开拓市场，降低成本，提高设备利用率，从而提高汽车企业的经济效益和社会效益。

2. 汽车需求导向定价法

汽车需求导向定价法是一种以需求为中心，汽车企业依据消费者对汽车价值的理解和对汽车需求的差异来定价的。

（1）对汽车价值的理解定价法

汽车企业按照消费者对汽车价值的理解来制定汽车价格，而不是根据生产汽车的实际价值来定价。对汽车价值的理解定价同汽车在市场上的定位是相联系的，方法如下。

1）从汽车的质量、提供的服务等方面为汽车在目标市场上定价。
2）决定汽车所能达到的售价。
3）估计在此汽车价格下的销量。
4）根据汽车销量计算出所需的汽车生产量、投资额及单台汽车成本。
5）计算汽车是否能达到预期的利润，以此来确定汽车价格是否合理。

运用对汽车价值的理解进行定价法的关键是，要把汽车产品与竞争者的汽车产品相比较，正确估计汽车产品在消费者心目中的形象，找到比较准确的理解价值。因此，在汽车定价前要做好市场调研。

（2）对汽车需求的差别定价法

对汽车需求的差别定价法是根据对汽车需求方面的差别来制定汽车的价格。主要有以下三种情况。

1）按汽车的不同目标消费者确定不同价格。同一商品对于不同消费者，其需求弹性不一样。有的消费者对价格敏感，适当给予优惠可诱使其购买；有的则对价格不敏感，可照价收款。

2）按汽车的不同花色、样式确定不同价格。同一品牌、规格汽车的不同花色、样式，消费者的偏好程度不同，需求量也不同。因此，不同的定价，能吸引不同需求的消费者。

3）按汽车的不同销售时间确定不同价格。同一种汽车因销售时间不同，其需求量也不同，汽车企业可据此制定不同的价格，争取最大销售量。

对汽车需求的差异定价法能反映消费者对汽车需求的差别及变化，有助于提高汽车企业的市场占有率和增强其汽车产品的渗透率。但这种定价法不利于成本控制，且需求的差别不易精确估计。

总之，这种方法体现了以顾客为中心的现代营销思想，但操作起来比较困难，因为要估计消费者对某一产品的理解价值和愿意支付的价格比较难。

3. 汽车竞争导向定价法

汽车竞争导向定价法是依据竞争者的价格来定价的，使本汽车企业的价格与竞争者价格相类似或保持一定的距离。汽车竞争导向定价是一种汽车企业为了应付汽车市场竞争的需要而采取的特殊的定价方法。主要有以下三种方法。

（1）随行就市定价法

随行就市定价法，即以同类汽车产品的平均价格作为汽车企业定价的基础。这种方法适合汽车企业既难以对顾客和竞争者的反应做出准确的估计，又难以另行定价时运用。在实践中，有些产品难以计算，采用随行就市定价一般可较准确地体现汽车价值和供求情况，保证能获得合理效益，同时，也有利于协调同行业的步调，融洽与竞争者的关系。

此外，采用随行就市定价法，其汽车产品的成本与利润要受同行业平均成本的制约。因此，企业只有努力降低成本，才能获得更多的利润。

（2）相关商品比价法

相关商品比价法，即以同类汽车产品中消费者认可某品牌汽车的价格作为依据，结合本企业汽车产品与认可汽车的成本差率或质量差率来制定汽车价格。

（3）竞争投标定价法

在汽车易主交易中，采用招标、投标的方式，由一个卖主（或买主）对两个以上并相互竞争的潜在买主（或卖主）出价（或要价）、择优成交的定价方法，称为竞争投标定价法。显著特点是招标方只有一个，处于相对垄断的地位；投标方有多个，处于相互竞争的地位。能否成交的关键在于投标者的出价能否战胜所有竞争对手而中标，中标者与卖方（买方）签约成交。此定价法主要在政府处理走私没收汽车和企业处理多余汽车时采用。

拓展资料

宝马汽车的价格比同类汽车一般要高出 10%~20%。宝马公司认为宝马制订高价策略是因为：高价也就意味着宝马汽车的高品质，高价也意味着宝马品牌的地位和声望，高价表示了宝马品牌与竞争品牌相比具有的专用性和独特性，高价更显示出车主的社会成就。总之，宝马的高价策略是以公司拥有的优于其他厂商品牌的优质产品和完善的服务特性，以及宝马品牌象征的价值为基础的。

总结拓展

本任务讲述了汽车价格的定制方法，描述了影响企业定价的内部因素和外部因素。

任务三 产品组合的联动营销

任务目标

1. 了解产品组合的相关概念。
2. 了解产品组合策略。

案例引入

通用汽车刚进入中国市场时,中国轿车各细分市场已形成竞争的格局:以夏利为代表的经济型轿车占据了中国轿车的低端市场,桑塔纳、捷达和雪铁龙富康是中档车市场的霸主,中高档轿车市场则以进口车为主。根据这一市场情况,通用决定将目标市场定位于高档市场,向中国市场推出成熟的别克车型。上市的第一年推出了当时在中国生产的最高档的三款轿车:别克新世纪、GLX 和 GL,率先在市场上赢得了主动。2000 年,上海通用分别推出具有驾驶乐趣的别克 CS 和中国第一辆多功能公务车别克 GL8,紧接着又针对 20 多万元的市场推出排量比较小的别克 G,形成从 20 多万元到 30 多万元这样一个梯级排列的产品线。

随着别克在中国市场的成功,竞争者也纷纷瞄准高档车这一潜力巨大的市场:一汽大众和广州本田先后从德国大众和日本本田引进了与别克同一级的奥迪 A6 和本田雅阁,其中奥迪 A6 更是占据国产顶级轿车的翘楚;本田雅阁则是当今最畅销的车型,全球销量超过 800 万辆;上海大众从德国大众集团引进更先进的、在国际上屡次获得大奖的帕萨特 B5。这样,高档车市场竞争开始白热化,在 25 万~45 万元这一级的市场上就有了奥迪 A6、别克系列、本田雅阁和帕萨特四大品牌,别克系列轿车受到来自一汽大众、上汽大众和广州本田的严峻挑战。

为迎接市场的挑战,上海通用又对市场进行了分析:经济型轿车虽然价格便宜,但给消费者的印象是低质低价,缺乏一种具有竞争力的车型,市场上还没有一款完全意义上的进口轿车;经过了近两年的市场运作和品牌传播,别克轿车在中国已经有了很高的知名度和认知度。鉴于此,上海通用决定将产品线向低端延伸。

通用汽车将在海外市场上的一款欧宝车引进中国，取名赛欧，俗称小别克。别克赛欧推出后，凭借着别克强大的品牌效应和10万元轿车的卖点，在中国轿车市场引起了轰动。2001年，上海通用又针对中国家庭市场推出赛欧的家庭版——赛欧SRV，将一种全新的汽车消费观念带给中国普通的消费者。2002年，赛欧SRV的产销量达到5万辆，成为这一市场的领头羊。

通用汽车根据中国市场的变化适时地推出相应的新产品，填补国内某个市场的空白，并保持每年推出一款新车的新产品策略。进入中国市场仅三年的通用汽车，经营业绩却令人惊讶：形成别克系列、多功能商务车—陆地公务舱和赛欧系列三大系列的车型；产品线覆盖了10万元到30多万元的各个级别；多功能公务车更是在市场上占据绝对优势。

知识链接

一、产品组合

（一）产品组合的相关概念

1. 产品项目

产品项目是产品线中的一个明确的产品单位。它可以根据尺寸、价格、外形、型号等属性来区分，也可以根据品牌来区分。对于汽车产品而言，产品项目即汽车品种。

2. 产品线

产品线是指一组密切相关的产品项目。它可以从多方面加以理解：满足同类需求的产品项目，如不同型号的电视机等；互补的产品项目，如计算机的硬件、软件等。对于汽车产品而言，产品线即车型系列。

3. 产品组合

产品组合（又称产品搭配）是指企业提供给市场的全部产品线和产品项目的组合或结构，即企业的业务经营范围。企业为了实现营销目标，充分有效地满足目标市场的需求，必须设计一个优化的产品组合。

图5-2为某汽车生产厂家的汽车产品组合示意图。

图 5-2 汽车产品组合示意图

表 5-1 为奥迪产品组合（部分）。

表 5-1 奥迪产品组合（部分）

汽车产品线：宽度				
	A 系列轿车	Q 系列越野车	S 系列运动车	RS 系列高性能运动车	TT 系列跑车
汽车产品品种：深度	A1	Q1	S1	RS2	TT Coupe
	A2	Q2	S3	RS3	
	A3	Q3	S4	RS4	
	A4	Q4	S5	RS5	
	A5	Q5	S6	RS6	TT Roadster
	A6	Q6	S7	RS7	
	A7	Q7	S8		
	A8	Q8			
		Q9			

（二）产品组合策略

产品组合策略是指企业如何根据消费市场的实际，合理进行产品组合决策。在进行产品组合决策时，应该注意以下四个方面：一是企业所拥有的资源条件的限制；二是市场基本需求情况的限制；三是竞争条件的限制；四是政府法律法规以及相关行业政策的限制。

常采取的产品组合策略有以下几个方面。

1. 产品项目（汽车品种）发展策略

如果企业增加汽车产品品种可增加利润，就表明产品线太短；如果减少汽车品种可增加利润，就表明产品线太长。产品线长度以多少为宜，主要取决于企业的经营目标。

目前，我国汽车买方市场的格局已经形成，为了提高市场占有率，使自己的产品覆盖更多的用户群体，汽车企业纷纷增加产品线长度，丰富产品品种，以增强本企业的市场竞争力。

2. 产品线（车型系列）发展策略

当企业预测现有产品线的销售额和盈利率在未来可能下降时，或其他经营条件（如市场竞争、企业经营目标等）发生改变时，就必须考虑在现有产品组合中增加产品线，或加强其中有发展潜力的产品线。

3. 产品线延伸策略

产品线延伸策略是指全部或部分地改变原有产品的市场定位，具体有向下延伸、向上延伸和双向延伸三种实现方式。

1）向下延伸。公司产品最初位于高端市场，随后将产品线向下延伸，即在高档产品线中增加中低档产品项目，以扩大市场占有率和提高销售增长率，补充企业的产品线空白。例如，中国重汽的黄河王子，就是在斯太尔重型车平台的基础上向下延伸，进入中重型市场开发出来的产品。

2）向上延伸。在原有的产品线内增加高档产品项目，以占领更高层次的市场份额。例如，中国重汽于2003年在斯太尔产品线基础上开发出斯太尔王作为提升产品，在重卡市场上一举获得成功。

3）双向延伸。原定于中档产品市场的企业获得了市场优势后，向产品线的上、下两个方向延伸，一方面可以获得更多的市场份额，另一方面也可以向不同的市场领域进军。

二、汽车产品生命周期

（一）产品生命周期的概念

产品从完成试制、投放到市场，再到最后被淘汰退出市场的全部过程所经历的时间，称为产品的生命周期（Product Life Cycle）。汽车产品的生命周期可以理解为某种车型从试制成功上市到被新车型替代而淘汰所经历的时间。

（二）汽车产品生命周期的形态划分

根据产品销售量、销售增长率和利润等变化曲线的拐点，可以定性地把汽车产品生命周期划分为四个典型时期，如图5-3所示。

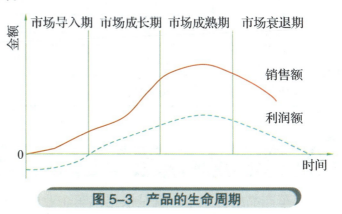

图5-3 产品的生命周期

1. 市场导入期

市场导入期是指在市场上推出新产品，产品销售呈缓慢增长状态的阶段。在这个阶段，新产品刚刚投入市场，顾客对产品还不了解，只有少数追求新奇的顾客购买，销量低。为打开销路，企业一般需要投入大量的广告、促销费用，为产品做宣传。这一阶段，由于新产品产量小，成本高，销售额增长缓慢，企业利润较小，甚至有可能亏损。

2. 市场成长期

市场成长期是指该产品在市场上迅速为顾客所接受、销售额迅速上升的阶段。在这个阶段，顾客已经熟悉产品，大量顾客开始购买产品，市场份额逐步扩大。此时，企业也已经具备大量生产的条件，随着产量的增加，产品生产成本逐步降低，企业的销售额迅速上升，利润也随之迅速增长。与此同时，同行业竞争者看到有利可图，纷纷进入该领域抢占市场份额，使同类产品的供给量增加，价格随之呈下降趋势。

3. 市场成熟期

市场成熟期是指大多数购买者已经接受该车型，市场销售额缓慢增长或下降的阶段。在这个阶段，销售额和利润已经达到最大值，市场占有率也趋于稳定，市场保有量基本饱和。

4. 市场衰退期

市场衰退期是指销售额急剧下降、利润渐趋于零甚至负值的阶段。在这个阶段，企业产品已经陈旧老化，销售额快速下降，利润大幅度下降，运营成本及制造费用增加，有时出现亏损，产品的市场竞争力极弱，即将被市场淘汰。产品生命周期各阶段的特点如表 5-2 所示。

表 5-2　产品生命周期各阶段特点

阶段	市场导入期	市场成长期	市场成熟期	市场衰退期
销售额	低	快速上升	缓慢上升或下降	下降
利润	低	快速增长	降低	低或无
单位成本	高	低	下降	回升
顾客	少数	多数	多数	少数保守者
竞争者	很少	增多	最多	减少
价格	高或低	适当	降低	降低

三、汽车产品组合策略的运用

汽车产品组合策略，就是根据汽车企业的市场经营目标，对汽车产品组合的广度、深度和相容度进行决策,确定一个最佳的汽车产品组合。

(一)产品组合扩展策略

产品组合扩展策略,即扩大产品组合的宽度,增大产品组合的深度,增加产品组合的相容度。

扩大产品组合策略是开拓产品组合的广度和加强产品组合的深度。开拓产品组合广度是指增添一条或几条产品线,扩展产品经营范围。加强产品组合深度是指在原有的产品线内增加新的产品项目。具体方式如下:

1)在维持原产品品质和价格的前提下,增加同一产品的规格、型号和款式。
2)增加不同品质和不同价格的同种产品。
3)增加与原产品相类似的产品。
4)增加与原产品毫不相关的产品。

例如,松下公司本是著名的家用电器厂商,还生产大型集成电路和精密陶瓷;丰田公司不仅生产汽车,还生产预制房屋,经营房地产业务;精工除大力发展钟表新品种,以保持全球最大钟表商的地位外,还投资机械、计算机、半导体等行业;索尼公司的经营范围也逐步由电子产品扩展到保险业和体育用品业。

(二)缩减汽车产品组合策略

缩减汽车产品组合策略同样有缩减汽车产品组合广度、深度、相容度三种方式。

1)可集中精力与技术对少数汽车产品改进品质、降低成本。
2)对留存的汽车产品可以进一步改进设计、提高质量,从而增强竞争力。
3)使脱销情况降至最低限度。
4)使汽车企业的促销目标集中,效果更佳。

(三)高档汽车产品策略与低档汽车产品策略

1)高档汽车产品策略,是在一种汽车产品线内增加高档汽车产品,以提高汽车企业现有的声望。
2)低档汽车产品策略,是在高档汽车产品线中增加物美价廉的汽车产品项目,目的是利用高档名牌汽车产品的声誉,吸引购买力较低的消费者,使其慕名来购买廉价汽车产品。

拓展资料

丰田公司对其产品线采取了双向延伸的策略。在其中档产品卡罗纳牌的基础上,为高档市场增加了佳美牌,为低档市场增加了小明星牌。该公司还为豪华汽车市场推出了凌志牌。这种策略的主要风险是有些买主认为,在两种型号之间(如佳美和凌志之间)差别不大,因而会选择较低档的品种。但对于丰田公司来说,顾客选择了低档品种总比走向竞争者好。另外,为了减少与丰田的联系,降低自相残杀的风险,凌志并没有在丰田的名下推出,它也有与其他型号不同的分销方式。

总结拓展

本任务讲述了产品组合概念以及产品组合策略,同学们在学习过程中要熟悉并灵活运用。

项目巩固

实训编号:qcyl05	建议学时:4学时
实训地点:理论教室	小组成员姓名:

一、实训描述
1. 演练任务:收集一个汽车品牌车辆的案例。 2. 演练目的:了解该品牌定价策略。 3. 演练内容:分析其品牌车辆的内容。
二、相关资源
以"汽车产品策略"为关键词查询相关网络资料
三、实训实施
1. 以 4~6 人为一组,并选出组长。 2. 搜集资料做成 PPT,并进行讲解
四、实训成果
分组练习后全班展示
五、实训执行评价

序号	考核指标	所占分值	考核标准	得分
1	收集案例	10		
2	了解品牌定价策略	50	夯实品牌定价策略基础知识	
3	分析案例品牌的定价策略	40	结合所学知识	

项目六

汽车销售流程与技巧

任务一 完善汽车销售流程

任务目标

1. 了解销售基本流程。
2. 了解购车需求分析。
3. 熟悉试乘试驾、各种表格和交车、售后跟踪。

案例引入

某客户来4S店维修刹车,接待员小王很客气地接待了他,并及时安排了维修,作业后试车正常,也在预定时间交了车。可是,客户接车半小时后又怒气冲冲地回来了。原来,他接车离开维修站回单位时遇到交警检查,转向灯不亮而被罚款50元,客户埋怨小王没帮他检查车辆,小王说:客户事先没有说灯不好啊!于是,小王与客户发生了争执。

知识链接

在汽车 4S 店，销售顾问的销售环节是非常重要的，汽车销售的标准销售流程是怎样的呢？

在世界汽车行业影响比较大的公司进行市场调研时，有相当一部分是基于汽车销售的流程和规范进行的。因此，规范汽车的销售流程、提升销售人员的营销技能，成为当今各汽车公司及各 4S 店的追求。本项目将以销售技巧和规范的销售流程为中心，以客户需求为导向，而不是以产品为导向，系统地讲述当今汽车市场需要规范的销售流程，并对汽车销售的各个流程一一进行介绍。

1）客户开发。客户开发是汽车销售的第一个环节，这一环节主要是关于如何寻找客户，在寻找客户的过程当中应该注意哪些问题。

2）展厅接待。在展厅接待环节，要学习怎样有效地接待客户，怎样获得客户的资料，怎样把客户引导到下一环节中去。

3）需求分析。在需求分析环节，将以客户为中心，以客户的需求为导向，对客户的需求进行分析，为客户介绍和提供一款符合客户实际需要的汽车产品。

4）商品介绍。在商品介绍中，将紧扣汽车这个产品，对整车的各个部位进行互动式的介绍，将产品的亮点通过适当的方法和技巧进行介绍，以便顺理成章地进入下一个环节。

5）试乘试驾。客户可以通过试乘试驾的亲身体验和感受以及对产品感兴趣的方面进行逐一的确认。这样可以充分地了解汽车的优良性能，从而增加客户的购买欲望。

6）报价成交。在报价成交中，主要是汽车销售人员在即将成交的这个环节上所面临的"临门一脚"的问题。

7）交车服务。交车是指成交以后，把新车交给客户。在交车服务里应具备规范的服务行为。

8）售后跟踪。对于保有客户，销售人员应运用规范的技巧进行长期的维系，以达到通过客户宣传赢得新的客户的目的。

一、客户开发

（一）发掘潜在顾客的方法

发掘潜在客户有以下两种通用的方法：一是资料分析法，二是一般性方法。

1. 资料分析法

资料分析法是指通过分析各种资料（统计资料、名录类资料、报章类资料等），从而寻找潜在客户的方法。

1）统计资料是指国家相关部门的统计调查报告、行业在报刊或期刊等上刊登的统计调查资料、行业团体公布的调查统计资料等。

2）名录类资料是指客户名录（现有客户、旧客户、失去的客户）、同学名录、会员名录、协会名录、职员名录、名人录、电话黄页、公司年鉴、企业年鉴等。

3）报章类资料是指报纸（广告、产业或金融方面的消息、零售消息、迁址消息、晋升或委派消息、订婚或结婚消息、建厂消息、诞生或死亡的消息、事故、犯罪记录、相关个人消息等），专业性报纸和杂志（行业动向、同行活动情形等）。

2. 一般性方法

1）主动访问。

①别人的介绍，如顾客、亲戚、朋友、长辈、校友等。

②各种团体，如社交团体、俱乐部等。

2）其他方面。邮寄宣传品，利用各种展览会和展示会，经常去人口密集的地方走动。

（二）寻找潜在顾客的渠道

1. 逐户访问

（1）优点

①范围广、涉及客户多。

②可借机进行市场调查，了解客户的需求倾向，并挖掘潜在客户。

③可以与各种类型的客户打交道并积累经验。

（2）缺点

①盲目，容易被拒绝。

②耗费大量的人力、财力和时间。

2. 广告搜寻

（1）优点

①传播速度快。

②传播范围广。

③节约人力、物力和财力。

（2）缺点

①目标对象的选择不易掌握。

②广告费用昂贵。

③企业难以掌握客户的具体反应。

潜在客户开发

3. 连锁介绍

（1）优点

①信息比较准确、有用。

②能够增强说服能力。

③无限寻找法。

（2）缺点

①事先难以制订完整的客户开发访问计划。

②营销人员常常处于比较被动的地位。

4. 资料查询

（1）优点

①较快地了解市场容量和准客户的情况。

②成本较低。

（2）缺点

商业资料的时效性比较差。

（三）寻找潜在顾客的原则

在寻找潜在顾客的过程中，可以参考 MAN 原则。

M（money）代表购买能力，是指所选择的对象必须有一定的购买能力。M 指有购买能力，m 指无购买能力。

A（authority）代表购买决定权。指购买对象对购买行为有决定、建议或反对的权力；A 指有决定权，a 指没有决定权。

N（need）代表需求，指购买对象有这方面（产品、服务）的需求。N 指有需求，n 指没有需求。

潜在顾客应具备以上特征，但在实际中，会碰到以下情况，应根据具体情况采取具体对策。

① M+A+N：有效顾客，是理想的销售对象。

② M+A+n：可以接触，配上熟练的推销技巧，有成功的希望。

③ M+a+N：可以接触，并设法找到具有决定权的人。

④ m+A+N：可以接触，需调查其业务状况、信用条件等给予贷款。

⑤ m+a+N：可以接触，应长期观察培养，使之具备另一条件。

⑥ m+A+n：可以接触，应长期观察培养，使之具备另一条件。

⑦ M+a+n：可以接触，应长期观察培养，使之具备另一条件。

⑧ m|a|n：非顾客，应停止接触。

由此可见，潜在顾客有时在欠缺了某一条件（如购买力、需求或购买决定权）的情况下，仍然可以开发，只要应用适当的策略，便能使其成为企业的新客户。

二、展厅接待

（一）展厅接待流程

展厅接待流程图如图 6-1 所示。

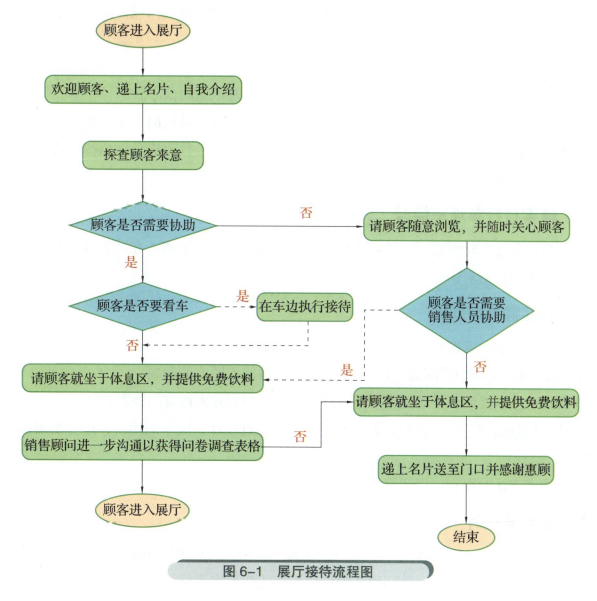

图 6-1　展厅接待流程图

（二）顾客开车来的接待

①顾客到来时，接待人员至展厅外（至少在门口）迎接，主动为顾客引导安排车位，停放车辆，第一顺位值班人员引导顾客进入展厅。

②观察顾客动作、车辆外形及新旧、车辆内部状况，以了解该顾客的特性及可能的需求，考虑合适的接待方式。

③若是雨天，主动拿伞出门迎接顾客。

（三）顾客进入展厅时

①点头、微笑、目视并保持眼神接触，所有员工遇到顾客时都应以充满活力、明朗、欢快的声音，向顾客打招呼、致意。

②热情招呼顾客带来的每一个人，第二顺位者应主动协助招呼顾客的同行人员。

③介绍自己并递上名片，在迎接后立即询问顾客是否能为他效劳，以便弄清楚顾客光临的目的。若顾客不需要协助，让顾客轻松地自由活动；若顾客有疑问或需要服务，要立即上前服务。

④创造与顾客交谈的机会，适时灵活地随声附和顾客。

⑤与顾客初步交谈时说话要热情，充分表达对企业及产品的信心。

⑥若是二人以上同行，则不可忽视对其他人的招呼应对；若同时有两三组人来看车，要请求支援，不可有任何人受到冷落；若有儿童随行，其他业务代表应负责招待，若儿童愿意到儿童游乐区，则引导他们前往。

（四）顾客自行参观车辆时

顾客自己随意浏览参观时，工作人员应离开并保持一定的距离，在顾客目光范围内，以便随时关注客户的需求。

（五）顾客需要帮助时

①顾客表示想问问题时，销售顾问应立即上前服务。

②用亲切的态度和易懂的语言与顾客交谈，准确回答顾客的问题。

③通过开放式提问，了解顾客对车辆的需求，不用专业术语询问顾客。

④从一般性的问题开始提问，如询问顾客是否来过展厅，购车的用途，过去使用车辆的经验等。

⑤与顾客交谈时要有热情和信心，适当介绍公司及其产品。

（六）顾客离开时

①顾客要离开时，要和顾客约定下次见面的时间、地点等事项，并提醒顾客携带的物品。

②放下手中的其他事务，陪同顾客到停车场，感谢顾客光临。

③陪同顾客到车位，为顾客打开车门，引导车辆出入。

④真诚地感谢顾客关照，热情地欢迎再次来店。

⑤微笑，向顾客挥手致意，并目送顾客离去。

（七）顾客离去后

①整理顾客信息，填写 A 卡及《来店（电）顾客登记表》。

②联系顾客致谢。

③设定明确目标、实施计划、实施时间、实施对象。

④对每位顾客进行追踪，直到达成交易。

三、需求分析

（一）需求分析流程

需求分析流程如图 6-2 所示。

（二）顾客开始表达需求

①眼神的接触，关心的表情，身体前倾，热情倾听，表示对顾客的关心与尊重。

②征得顾客同意，详细记录顾客谈话的要点。

③运用一般性问题，收集顾客的信息。例如，

您在购车上有什么想法？

您现在开什么车？

您看过什么车呢？

④运用辨识性问题理解顾客的需求。例如，

您购车的主要用途是什么？

您购车时会考虑哪些因素？

⑤不要打断顾客的发言，顾客说完后再讲述自己的意见；未确认顾客需求时，不可滔滔不绝地作介绍。

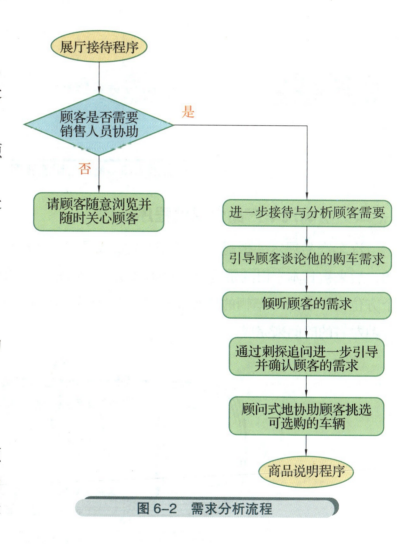

图 6-2 需求分析流程

（三）协助顾客总结需求

利用总结法确认顾客的需求。例如，

我帮您总结一下……

四、商品说明

（一）明确商品说明流程

商品说明流程如图 6-3 所示。

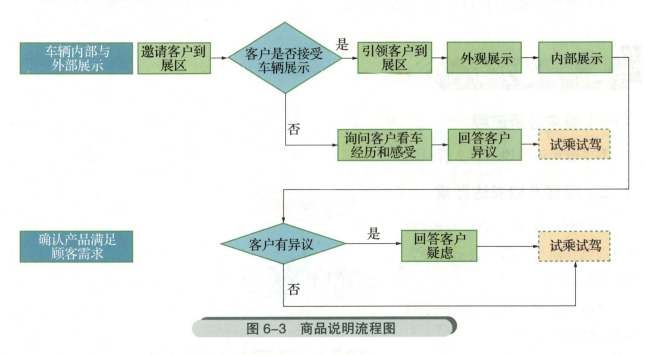

图 6-3　商品说明流程图

（二）明确汽车产品介绍的程序

汽车产品展示一般遵循六位绕车法，如图 6-4 所示。六位绕车法最早是奔驰公司启用的，后来被日本丰田的雷克萨斯汽车采用并发扬光大。六位绕车法是指销售顾问按顺序从六个方位向顾客介绍车辆的特征、优势和带给顾客的利益的汽车介绍法。这六个步骤需要 40 分钟左右的时间来完成。

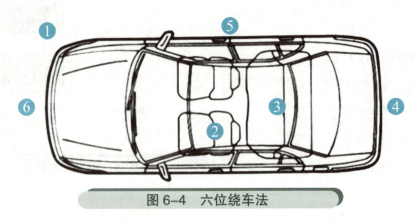

图 6-4　六位绕车法

1）1号位：车头前端（据前方 120cm，左 90cm）的介绍重点如下。

①车的设计理念、风格、外观与造型。

②车标。

③散热格栅。

④保险杠设计。

⑤前大灯组合。

⑥车身尺寸。

⑦雨刮器。

⑧前风挡玻璃。

⑨腰线。

⑩前脸。

2）2号位：驾驶座的介绍重点如下。在2号位主要介绍乘坐舒适性和驾驶的操控性。

①门开启的角度。

②驾驶空间。

③座椅调节角度。

④方向盘。

⑤仪表板。

⑥操控台。

⑦音响、空调。

⑧天窗。

⑨安全带。

⑩门锁系统

3）3号位：后排座的介绍重点如下。在3号位主要介绍乘坐的空间及其舒适性。

①头、肩、腿部空间。

②座椅的材质。

③后排安全带。

④儿童安全锁。

⑤内饰。

⑥储物盒。

⑦后排空调。

⑧车窗按钮。

4）4号位：车尾部的介绍重点如下。在4号位主要介绍尾部特色和后备厢等。

①车尾设计。

②后窗雨刷及加热。

③高位刹车灯。

④尾灯。

⑤倒车雷达。

⑥行李厢。

⑦保险杠。

⑧备胎。

⑨后组合灯。

⑩天线。

5）5号位：侧车身的介绍重点如下。在5号位主要介绍安全性等。

①安全气囊。

②车门把手。

③防撞钢梁。

④车身线条。

⑤车窗。

⑥悬架系统。

⑦轮胎轮毂。

6）6号位：发动机的介绍如下。在6号位主要介绍车的发动机特点和动力性。

①发动机动力性能。

②发动机经济性能。

③电子防盗系统。

④电子喷射系统。

⑤ABS（Antilock Brake System，制动防抱死系统）系统。

⑥三元催化转化器。

⑦发动机号、车架号。

⑧储液罐。

（三）介绍汽车产品的注意事项

1. 强调顾客的利益

顾客关心的不是产品本身，而是产品所带来的利益。因此，销售顾问在销售汽车时要运用FAB［feature（属性）、advantage（作用）、benefit（益处）］法。

2. 充满信心

销售顾问应该充满热情、充满信心地介绍产品。如果销售顾问对自己的产品都缺乏足够的信心和热情，顾客就会对销售顾问介绍的产品感到怀疑。

3. 态度要不卑不亢

销售顾问的傲慢无礼或低声下气最容易引起顾客的反感，平等真诚地对待顾客，以朋友的身份真心为顾客着想，就会赢得顾客的信任。

五、试乘试驾

（一）明确试乘试驾流程

试乘试驾流程如图 6-5 所示。

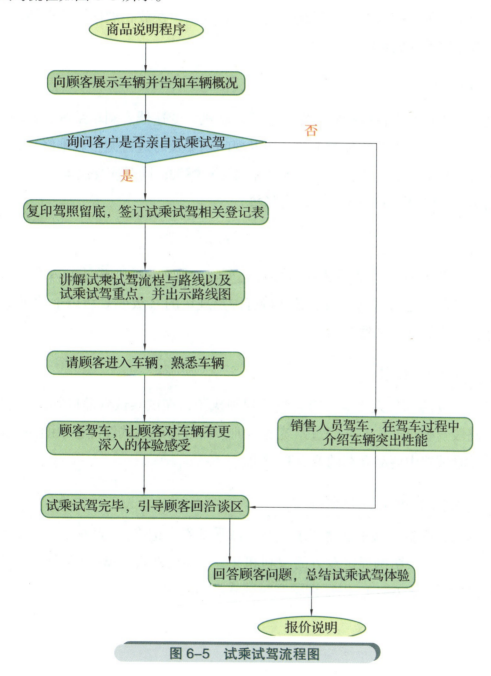

图 6-5 试乘试驾流程图

（二）试乘试驾前的准备

1. 路线和时间的安排

试乘试驾的路线应该选择有变化的路段进行，应能满足试加速性能、刹车性能和转向性能等要求，试车路段应该避免建筑工地和交通拥挤的地段，并充分展示车辆性能与特色，在中途可以安全地更换驾驶员。一般试乘试驾的时间为10~20分钟，既能满足试车的需求，也不会浪费过多的时间。应将试乘试驾路线制作成路线图，摆放在展厅，便于销售顾问在试乘试驾前向顾客进行路线的说明。

2. 车辆准备

管理员要每天检查车辆的行驶性能，包括发动机、变速器、刹车系统、音响、空调、座椅调节、雨刮器、轮胎等系统是否正常，如发现问题要及时进行调整和维修，确保车辆处于最佳状态；每天检查油量，确保油箱内至少有1/2箱燃油；同时应保持车内外清洁，车辆贴上试乘试驾标志，CD碟中有CD，车内有脚垫。

3. 车辆证件的准备

试乘车的证件要齐全，试乘试驾车必须上车牌，行驶证、保险卡、车船使用税等一应俱全，严禁用商品车进行试驾。顾客必须持有国家规定的C级或C级以上的机动车驾驶证，才能亲自驾驶相应的试乘试驾车辆。

4. 销售人员的准备

进行试乘试驾的销售人员应具有合法的驾驶执照，在试乘试驾前应熟悉试乘试驾路线，至少在试车路段驾驶过两次，并经过系统的培训，知道在试乘试驾过程中的注意事项。销售人员应熟悉试乘试驾中商品介绍的要点和时机。

5. 试乘试驾前相关表格的准备

试乘试驾前，应根据试乘试驾要求填写《试乘试驾登记表》（表6-1），并签订《试乘试驾同意书》（表6-2），明确界定双方的权利和义务；还应准备《试乘试驾评估表》（表6-3）《试乘试驾意见表》（表6-4），以征询顾客对试乘试驾的感受。

表 6-1　试乘试驾登记表

欢迎您参加××试乘试驾活动					
试乘试驾路线图	试乘试驾注意事项： 请严格遵守驾驶规章制度，保证安全。 ★试乘试驾时，请全程系好安全带。 ★请按照线路图设定的路线试驾。 ★试乘试驾过程中，请遵从销售顾问的安排。 ★严禁在试驾时进行危险驾驶动作。				
顾客姓名	顾客关注点	时间	销售顾问	公里数	备注
	◇启动 ◇加速 ◇制动 ◇转弯 ◇静谧 ◇舒适				

表 6-2　试乘试驾同意书

经销店名称：＿＿＿＿＿＿＿＿＿＿

试乘试驾车型：＿＿＿＿＿＿＿＿＿＿

致：

　本人于＿＿＿年＿＿＿月＿＿＿日在＿＿＿＿＿＿＿＿经销店参加＿＿＿＿＿＿＿＿＿车型试乘试驾活动，特此作如下陈述与声明。

　本人在试乘试驾过程中将严格遵守行车驾驶的法则和要求，并服从公司的指挥，安全、文明驾驶，尽最大努力确保试乘试驾车辆的安全和完好，否则对贵公司造成的一切损失，将全部由本人负担。

试驾人姓名：＿＿＿＿＿＿＿＿

驾驶证号码：＿＿＿＿＿＿＿＿

联系地址：＿＿＿＿＿＿＿＿＿

联系电话：＿＿＿＿＿＿＿＿＿

表6-3 试乘试驾评估表

尊敬的朋友：

非常感谢您对××进行试乘试驾，为了及时得到您对试乘试驾的安排与××车性能的反馈信息，请配合填写一下评估问卷，以便我们改进工作，为顾客提供优质服务。谢谢！

试乘试驾时间：　　年　月　日

试乘试驾用户信息：

姓　　名：_____　　年　　龄：_____

职　　业：_____　　性　　别：_____

联系电话：_____　　电子邮件：_____

通信地址：_____　　邮　　编：_____

您的驾龄：_____　　评估车型：_____

1. ××车的造型美感如何？
   □极好　　□很好　　□好　　□一般　　□较差

2. ××车的内部装备如何？
   □非常充足　　□充足　　□比较充足　　□不足　　□较差

3. 前排座椅的舒适度如何？
   □极好　　□很好　　□好　　□一般　　□较差

4. ××车的操控稳定性如何？
   □极好　　□很好　　□好　　□一般　　□较差

5. ××车的油门感应如何？
   □极好　　□很好　　□好　　□一般　　□较差

6. ××车的悬架系统的舒适度及路面感知力如何？
   □极好　　□很好　　□好　　□一般　　□较差

7. ××车的内饰视觉感如何？
   □极好　　□很好　　□好　　□一般　　□较差

8. ××车的中控台各类操作开关布局是否合理，使用是否得心应手？
   □极好　　□很好　　□好　　□一般　　□较差

9. ××车的中低速加速性能如何？
   □极好　　□很好　　□好　　□一般　　□较差

10. ××后排座椅舒适度以及膝盖间距是否满意？
    □极好　　□很好　　□好　　□一般　　□较差

11. ××车的自动驾驶系统感觉怎样？
    □极好　　□很好　　□好　　□一般　　□较差

12. ××车的空间宽敞情况？
    □极好　　□很好　　□好　　□一般　　□较差

13. ××车在急速工况及高速行驶中的隔音效果如何？
    □非常宁静和谐　　□宁静和谐　　□感觉一般　　□不太满意

表6-4 试乘试驾意见表

试乘试驾车型：_____ 时间____年____月____日

1. 请您就以下项目对试乘试驾车型给出您的意见。

项目	好	较好	一般	差	很差
启动、起步	□好	□较好	□一般	□差	□很差
加速性能	□好	□较好	□一般	□差	□很差
转弯性能	□好	□较好	□一般	□差	□很差
制动性能	□好	□较好	□一般	□差	□很差
行驶操控性	□好	□较好	□一般	□差	□很差
驾驶视野	□好	□较好	□一般	□差	□很差
乘驾舒适性	□好	□较好	□一般	□差	□很差
静谧性	□好	□较好	□一般	□差	□很差
音响效果	□好	□较好	□一般	□差	□很差
空调效果	□好	□较好	□一般	□差	□很差
操控便利性	□好	□较好	□一般	□差	□很差
内部空间	□好	□较好	□一般	□差	□很差
内饰工艺	□好	□较好	□一般	□差	□很差
上下车便利性	□好	□较好	□一般	□差	□很差
外形尺寸	□好	□较好	□一般	□差	□很差
外部造型	□好	□较好	□一般	□差	□很差

2. 您对随同试驾顾问满意程度如何？

3. 您对经销店试乘试驾服务的满意程度如何？

4. 您有任何其他宝贵意见和建议：
_____
_____
_____
_____

姓　　名：_____ 通信地址：_____
联系电话：_____ 电子邮件：_____

（三）试乘试驾过程

1）销售顾问首先请顾客试乘，由销售顾问驾驶。这一阶段主要是让顾客熟悉路况，为接下来的顺利试驾做好准备；销售顾问在驾驶的过程中要向顾客讲解试驾的主要内容等。这样在接下来顾客自己试驾的过程中,顾客就知道应该试什么内容,在什么时候试,一方面可以提高试驾的效果,另一方面也提高了试驾的安全性。

2)在试驾开始前,顾客已经落座在车内的时候,如果试乘试驾顾客还有其他一起来的朋友,也可以将地图分发给他们,引发他们足够的好奇,并可基本掌握试乘试驾的话语。

3)试乘试驾在发动车之前,应注意调整座椅、内外后视镜、方向盘的位置,注意指示转动权,转向灯开关的位置、指示雨刮器开关灯的位置、换挡的位置、大灯开关的位置;可以让顾客在乘坐时注意驾驶座空间、前方视野等,并告知顾客百公里加速、紧急制动、安全气囊、ABS等都不是试乘试驾的内容。

4)在试乘试驾过程中,指路是销售顾问的重要职责。在行驶的过程中注意给顾客指路,可以保证顾客在驾驶过程中的安全,使顾客在试乘试驾过程中保持愉悦的心情。在指路的过程中,可提示顾客感受操控的感觉、行驶中的力量、发动机的声音,并提示顾客在安全行驶的情况下,注意操作音响、空调,并观察速度表、发动机转速表等。在试乘试驾过程中以"顾客第一"的态度,让顾客充分体验试乘试驾,完成试乘试驾。

5)在试乘试驾返程的过程中,可以播放一些轻松舒缓的音乐,并主动征求顾客对这款车的意见,如对这款车的动力性、舒适性、操控性的评价,以及和一些其他车型的驾车感受。

6)全程确保车上人员系好安全带,保证安全。

(四)试乘试驾之后

首先,在顾客试乘试驾结束后,引导顾客返回展厅,好好休息一下,可为顾客倒上一杯咖啡,舒缓顾客刚才驾车时的紧张情绪,并适当地称赞顾客的驾驶技术,并请顾客填写《试乘试驾意见表》。

其次,在试乘试驾后,应针对顾客特别感兴趣的地方再次有重点地强调说明,并结合试乘试驾中的体验加以确认。如果顾客试驾后对车型产生疑虑,应用展车向顾客进行合理和客观的说明。如无异议,应促使顾客签约成交;对暂时不能成交的顾客,要留下顾客的相关信息,并与顾客保持联系。

拓展资料

买车是一件大事,要挑的不仅是车的性能、外观,还有品牌的知名度和服务的质量。虽然需要考量的因素有很多,但杜康在选择自己第一辆车的时候却没有过多的纠结。"长安汽车的质量我是很放心的,但最后征服我的是它的服务。"

上门试驾,为客户节省时间

已经工作三年的杜康有了一些积蓄,他计划着用这些钱来购置人生中的第一辆车。他先在网上进行了初步筛选,"我看过很多SUV,但让我眼前一亮的,只有长安CS55。"自从有了心仪的车型,杜康就一直想找时间去试车。不巧的是,那段时间公司的业务让他忙得不可开交,好几次约好试车时间,都因处理工作而无法前往,一拖就是一个多月。

就在杜康感到试车遥遥无期的时候,长安汽车经销商4S店的销售顾问小曹,主动联系到了他。"我们了解到杜先生因为工作繁忙,无法前往4S店试驾,就提出为他提供上门试驾的服务。"上门试驾,是最近4S店提供的新服务,它针对的正是像杜康这样因为自身原因难以前往4S店试驾的客户。因为杜康买车的目的主要是做上下班代步,于是在小曹的帮助下,试驾路线定制为杜康的上下班路线。耐心等待,终换真心相待。

那天中午12点半,距离约定时间已经过了半小时,杜康才匆匆从公司大楼跑出来。就在杜康焦急张望的时候,突然听到不远处有人在叫他的名字。抬头一看,杜康心里顿时又惊又喜,正是陕西通盈4S店的销售顾问小曹,顶着烈日在朝他招手。

收到杜康的驾照复印件并签署了试驾保证书后,小曹首先向杜康介绍了当天的试驾路线,以及CS55的基本操作。在讲解过程中,对于杜康提出的问题,小曹也进行了细致解答。在确保杜康已经了解所有操作后,小曹打开驾驶室车门引导他进入驾驶座后再关闭车门。终于握到了方向盘,杜康心里紧张又兴奋,但在小曹的陪同下杜康驾驶着CS55在自己最熟悉的路线上,顺利完成了试驾。试驾结束后,杜康填写了试驾反馈表,并与小曹交流了试驾感受。目送小曹离开后,杜康心里已经暗自做出决定,当天晚上,他就向小曹下了购车订单。"从试驾那一刻起,我就觉得没什么好犹豫了,我想要细细品味长安的专业服务。"

在杜康看来他的选择无比正确,他与长安汽车之间从一开始就构筑了一座信任的桥梁。这座桥梁的诞生,正是4S店的从业人员,把长安汽车"客户为尊"的理念作为服务基石,将客户当做亲朋,为有需求的客户提供上门试驾等专业化服务,从真心出发才能让客户发自内心地感受到被尊重、被重视,才能得到他们的真心信任。这些信任,也为长安汽车在行业中赢得了无数声誉。未来,长安也会继续用极致的服务为客户带去愉悦的体验,展现品牌的魅力,让信任的桥梁,无坚不摧。

六、报价签约

(一)报价签约流程

报价签约流程如图6-6所示。

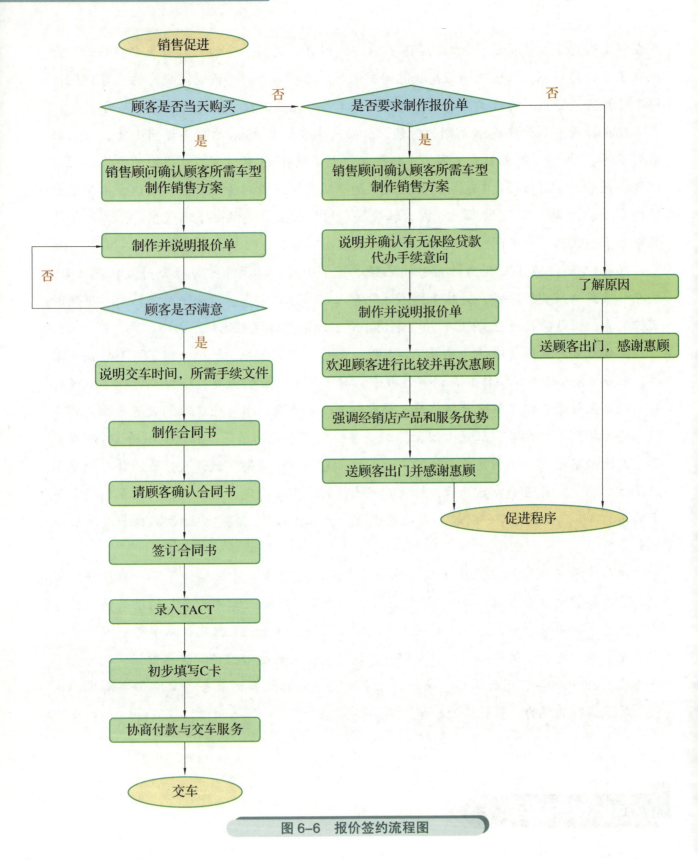

图 6-6 报价签约流程图

（二）价格商谈的原则

原则一：

①控制价格谈判的时机，避免让顾客开始价格商谈。

②不要太早地将顾客导向价格商谈。

③绝不在价格面前投降。

④只有在极端例外的情况下,价格才是决定性的因素。

原则二:

①通过对产品优势与利益的阐述,让顾客觉得物有所值。

②尽量避免价格波动,让顾客认可他的需求、愿望和要求都通过产品真正地实现了。

(三) 价格商谈方法

1. 三明治法

在汽车销售中,销售顾问要将汽车销售价格放在两个利益之中,从而使顾客愉快地接受公司给定的销售价格的现象,称为三明治法。

2. 附加价值法

附加价值法是在产品的原有价值的基础上,通过生产过程中的有效劳动新创造的价值,即附加在产品原有价值上的新价值,附加值的实现在于通过有效的营销手段进行连接。附加价值法是汽车营销中常用的一种策略,是指在增加一种产品或者服务在消费者心目中所具有的价值。

3. 最小化法

最小化法是指把整个价格分成几部分,让每一部分的价格看起来低一些,这样能容易满足顾客的心理价格。

4. 比较法

在介绍汽车价格时,与更高价位市场的汽车产品进行比较,以突出本公司的汽车价格的优势;也可与同价位的其他品牌进行比较,以突出本公司汽车的品牌优势。例如,"我们明锐车装备的TSI发动机和AUDI TT采用相同样的技术"。

5. 减少支付法

在介绍汽车价格时,从使用上要减少支付费用的角度出发,以突出此款车的经济性。例如,您就按照百公里省2L油,每年1万公里行驶里程计算,1年下来就省200L油,节省1000元。

6. 价差法

价差法适合顾客做车辆置换时的价格商谈。例如,您只要再添5万元,就可以把这部崭新的明锐开回家。

7. 衡量法

在商谈价格时,销售顾问要了解顾客所有的购买原因以及担心的各种情况。之后,销售顾问就要根据顾客的这些乐于购买的项目和不乐于购买的项目有针对性地开展销售活动,最终达到说服顾客做出购买决定的目的。

8. 忽略法

在汽车销售过程中,当顾客提出两款车之间的差异时,销售顾问经常贬低相关的微小差异,以达到顾客认同此款车的目的。

(四)抓住成交的最佳时机

1)确认顾客已经完全理解在本阶段中双方所提方案中的所有内容,回答顾客所有的担心和疑虑,让顾客有充分的时间自己思考和核准方案的可行性。

2)成交时机是顾客购买欲望达到最高的时候,通过把握住顾客的性格、想法、要求、条件等,从气氛、动作、表情的变化中抓住成交时机,积极促进成交。

3)如果不在时机成熟时寻求成交,机会稍纵即逝,会变成没有机会或是需要更辛苦的努力重新制造机会。

4)寻求成交的时机要根据顾客的个性、当时情况、洽谈气氛等而定,要把握住时机,即使第一次无法成功,还要创造下一次的机会。

5)当顾客心情非常欢乐、轻松时,销售人员适时提出成交要求,成交的概率会很大。

6)当销售人员进行完商品的说明、介绍和回答顾客提出的疑问之后,就要抓住时机技巧性地向顾客询问所需汽车的型号、数量或者颜色等,也可以询问顾客采用什么方式付款,现在就给他安排做"PDI"(Pre Delivery Inspection,新车交车前的检查)等。

7)当顾客提出反对意见时,销售人员就要向顾客进行正确的解释,再征求顾客的意见,询问顾客是否完全了解产品的说明,是否需要补充,当顾客认可销售人员的说明时,销售人员就要抓住这一有利时机,进一步询问顾客选择何种产品。当销售人员对顾客的反对意见进行说明和解释被认可后,便可以直接向顾客要求成交。

(五)购买信号

购买信号,就是顾客做购买决定时在无意中流露出来的信号。购买信号可分为行为信号和语言信号两种。销售顾问可根据下列特征判断成交时机是否已经成熟。

1. 行为信号

(1)根据顾客表情

①嘴巴微张、嘴边肌肉松弛时。

②表现出满意或者接受的表情时。

③随着销售人员的话，表情微妙变动时。

（2）根据顾客的动作

①在手上的汽车样本资料做笔记，拿出计算器计算，并开始热烈讨论时。

②对销售人员的说明开始点头时。

③顾客突然间深呼吸，然后沉静下来思考时。

（3）根据现场气氛

①顾客的反应变得积极时。

②对销售人员的态度比平常亲切时。

③对决定权以外的人表现出友好的态度时。

④顾客主动问话时。

⑤销售人员拿出订购合同顾客保持沉默时。

2. 语言信号

①开始认真讲价时。

②谈及具体的支付条件、赠送品、车身颜色、交货期时。

③提出有关保修、售后、各种费用、保险等问题时。

④询问第三者意见时。

（六）促进成交的方法和技巧

1. 请求成交法

请求成交法是销售员用简单明确的语言直接要求顾客购买。成交时机成熟时，销售顾问要及时采取此办法。此方法有利于排除顾客不愿主动成交的心理障碍，加速顾客决策。但此办法将给顾客造成心理压力，引起反感。该方法适用于顾客有意愿，但不好意思提出或犹豫时。

2. 假定成交法

假定成交法为假定顾客已经做出决策，只是对某些具体问题要求进行答复，从而促使成交的方法。例如，对意向顾客说"此车非常适合您的需要，你看我是不是给你搞搞装饰"。此方法适用于老顾客、熟顾客或个性随和、依赖性强的顾客，不适合自我意识强的顾客。

3. 选择成交法

选择成交法是汽车销售顾问通过提出选择性问句，让顾客在提供的选择范围之内做出回应。此方法适用的前提是顾客不是在买与不买之间选择，而是在产品属性方面选择，如产品价格、规格、性能等。

4. 利益汇总成交法

利益汇总成交法是销售员将所销的车型将带给顾客的主要利益汇总，提供给顾客，从而激发顾客的购买欲望，促成交易。但此方法必须准确把握顾客的内在需求。

5. 从众成交法

消费者购车容易受社会环境的影响，如现在流行什么车，某某名人或熟人购买了什么车，常常影响顾客的购买决策。但此方法不适合自我意识强的顾客。

6. 优惠成交法

汽车销售中提供优惠条件来促进成交，即优惠成交法。此方法会增加成本，可以作为一种利用顾客进行推广并让顾客从心理上得到满足的一种办法。

7. 保证成交法

保证成交法，即为向顾客提供售后服务的保证来促成交易。采取此方法要求销售员必须"言必信，行必果"。

8. 小点成交法

小点成交法是指销售顾问通过解决次要的问题，从而促成整体交易的办法。牺牲局部，争取全局，如先解决顾客的执照、消费贷款等问题。

9. 最后机会法

最后机会法是指为顾客提供最后的成交机会，促使购买的一种办法。例如，这是促销的最后机会。"机不可失，时不再来"，变顾客的犹豫为购买。

10. 诱导成交法

诱导成交法是指通过提问、答疑、算账等方式，向顾客提示购买所能带给他们的好处，如折扣、抽奖、送礼物等，从而打动顾客的心，刺激他们的购买欲望，营造成交气氛。

11. 压力成交法

压力成交法是以该车型颜色、数量等供应紧缺，给顾客造成一定的压力，促使顾客做出购买决策。

12. 本杰明·富兰克林成交法

本杰明·富兰克林成交法是销售人员把顾客购买产品所能得到的好处和不购买产品的不

利之处一条一条地列出来,用列举事实的方法增强说服力。在使用中,销售服务可用纸张列出该车的不利点和有利点(表6-5),然后同顾客一起进行比较,得出该辆车的有利点远多于不利点,达到顾客接受的目的。

表6-5 本杰明·富兰克林成交法的应用

不利点	有利点
动力稍差 工艺粗糙	油耗低
	价格合适
	维修方便
	后续费用低
	储物空间大
	生活、休闲两用

(七)促进成交的注意事项

①成交的阶段。积极地在顾客的感情方面做工作;一旦进入成交阶段就不动摇条件;语言短促有力,不说多余的事情;让顾客有自己决定的感觉;不要使用含糊的语句。

②写订单之前的阶段。不要在销售条款上妥协;在规定的条件框内决定。

③写订单的阶段。不要说多余的话;一定要互相确认承诺和条件;确认车辆的所有人;确认支付方法、支付银行、交易银行、有无账户等。

④签字或盖章的阶段。动作迅速;尽可能规范性地处理;一定要确认资金和支付方式;收取定金;把订单的顾客联交给顾客;事前说清楚注意事项。

⑤成交后注意事项:洽谈完后顾客可能对洽谈的内容还担心,一定要给顾客留下"买了好东西"的印象。例如,"买得正是时候啊""真的是买了好东西""到底还是给您便宜了很多"。

七、交车过程

(一)交车过程流程

交车过程流程如图6-7所示。

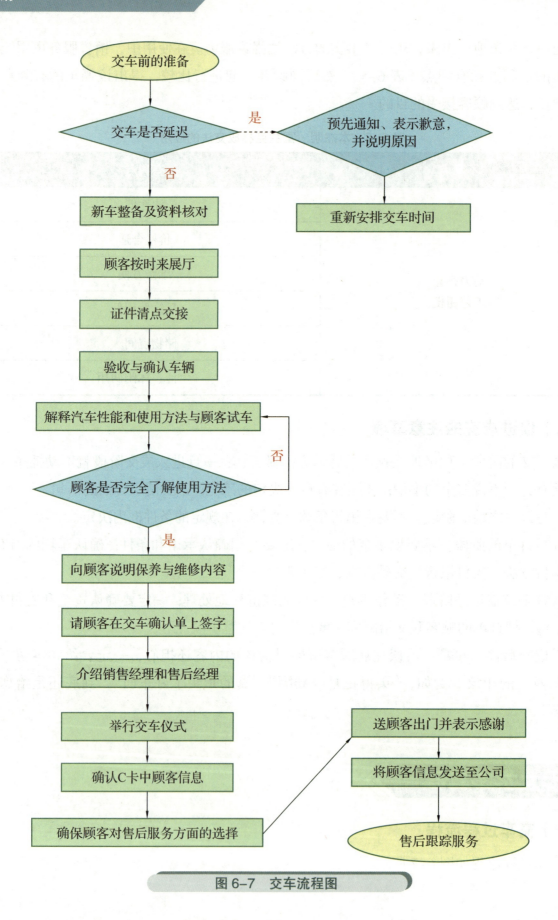

图 6-7 交车流程图

(二)交车基本事宜

1. 交车前的准备

①由服务部完成对新车的PDI检查，销售人员再次确认并在《PDI检查单》上签名确认。

②确认并检查车牌、登记文件和《保修手册》，以及其他文件和发票等，再次确认顾客的付款条件和付款情况。

③电话联系顾客，确认交车时间、参与人员，并对交车流程和所需时间进行简要介绍，征得顾客认可。

2. 交车区和车辆的安排

①交车区设在来店顾客可明显看见的区域，交车区有明显标志，场地打扫干净。

②清洗车辆，保证车辆内外美观整洁，车内地板铺上保护纸垫。

3. 实车说明

①邀请售后服务顾问出席，并向顾客介绍售后服务部的营业时间、行驶证、车辆钥匙等预约流程和服务网络。

②售后服务顾问和销售顾问使用《实车说明清单》，用简单易懂的语言进行车辆说明。

③使用《用户手册》介绍如何对待新车。

④确认顾客所订购的选装件、附属件。

4. 有关保修事项的说明

①向顾客介绍车辆检查、维护的日程，重点介绍和说明顾客可能利用的免费维护项目。

②利用《用户手册》和《保修手册》，说明保修内容和保修范围。

③说明发生故障的有关手续和联系方法。

④确认后，核对《交车确认单》，并请顾客签字。

5. 交车仪式

①介绍销售经理、售后服务经理或其他人员与顾客认识。

②向顾客赠送鲜花，拍摄纪念照。另外，可向顾客赠送小礼物。

6. 文件点交

①向顾客提交相关文件，包括合格证、保修手册和使用说明书等。

②向顾客说明各种证件的功能，请顾客妥善保存，并出示交车确认表，请顾客依各点交项目逐项确认。

③说明车辆登记与更新的程序。

④向顾客进行费用说明及单据点交，包括发票、保险单据、上牌费、车船使用税和车辆购置税等。

⑤各项费用要向顾客详细解说，且要和商谈前符合，如果有不符合的地方，要向顾客说明原因。

⑥出示交车确认表，依各点交项目请顾客逐项确认。

7. 车辆操作

①在指定的交车区将车提交给顾客。

②示范车辆各项功能的操作：座椅、方向盘调整、后视镜调整、电动窗操作、儿童安全锁、空调及除雾、音响、灯光、仪表、电子钟、特有配备的功能及任何顾客可能不熟悉的事项。

8. 建立长期关系

①向顾客说明专营店的后续跟踪服务程序和专营店提供的增值服务。

②确定顾客对后续跟踪服务方式的选择，如联系方式、联系地点、联系时间，将以上信息记入《保有顾客管理卡》。

③在可能的范围内，尽可能地获得有关顾客的各种信息，并记入《保有顾客管理卡》。

④如顾客要求试驾，要确认顾客完全懂得该车如何操作。

⑤衷心感谢顾客的惠顾并拍摄留念照。

⑥将该顾客档案转交售后服务部。

（三）PDI 检查事宜

什么是新车 PDI 检查

1. 检查工作要点

①进行检查前，应先将车辆清洗干净。

②最好在快修工位检查。

③操作人员必须穿戴干净的工作服、手套、脚套，对车辆有防护措施。

④根据车型以及年款的不同，《PDI 检查单》所列项目与实际车型检查内容可能有所不同，应结合实际车型进行检查。

⑤PDI 检查单将有助于正确完成检查并防止漏检任何项目。

⑥进行 PDI 检查时，应按《PDI 检查单》上的检查序号逐项检查，逐项记录。

⑦PDI 的操作方法见《交车前检查手册》。

2. 必须具备的基本条件

①操作人员必须全面阅读新车型使用手册的内容与《交车前检查指导手册》，培训合格后方能上岗。

②须熟悉车辆的电器、电路、机械运行的基本原理。

③备足够数量的工具设备和辅料，以东风本田为例，如表 6-6 所示。

④必备资料:《用户使用手册》《交车前检查手册》《维修手册》《维修手册增补册》《PDI检查AB单》。

表6-6 工具设备与辅料

序号	名称	型号	备注
1	故障诊断仪	如《东风本田设备工具配备标准》	诊断软件保持最新版本
2	高压冷热水清洗机		
3	吸水吸尘器		
4	数字万用表		应符合计量标定要求
5	蓄电池充电机		恒压、可变电流
6	带充气嘴的气压表		应符合计量标定要求
7	常用工具一套		

3. PDI检查注意事项

①如果PDI检查有一个或几个项目不合格，检查员要把所需修理项目填写在B单，修理完毕并确认后填上"已修复"，同时重新填写一份全部合格的A单。

②PDI检查完成后，检查员必须在检查单上签字，并在《保修手册》中的"交车前检查"栏中签字。

③车辆销售时，顾客在确认车辆完好后，必须请顾客在全部检查项目合格的A单上签字，以明确车辆在交付顾客时处于完好的状态，避免以后发生问题时因责任不清而产生纠纷。

④售后经理或质检员每周至少应抽查一台PDI已完成的车辆。

八、售后跟踪

（一）售后跟踪流程

售后跟踪流程如图6-8所示。

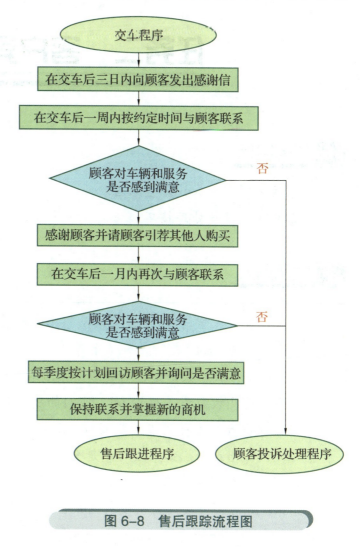

图6-8 售后跟踪流程图

（二）新车交车后的跟踪

①销售顾问在交车后三日内向顾客发出感谢信，并电话致谢。

②服务顾问（车保服务担当）在交车后一周内，根据约定的时间与顾客进行电话联系，询问车辆情况，介绍维护服务等业务。

③跟踪人员在电话中直接告知自己的姓名、职称和经销商的名称。依据顾客的意愿掌握谈话内容与谈话时间。

总结拓展

本任务主要讲述了汽车销售的基本流程、客户开发的基本方法，以及如何挖掘潜在客户需求，做好需求分析。另外，本任务还详细介绍了交车前试乘试驾的准备和售后跟踪服务，以便在日后的工作中能熟练运用汽车销售流程和相关销售工具为顾客说明车辆情况，促成交易。

任务二 客户异议处理

任务目标

1. 准确分析客户异议产生原因。
2. 掌握客户异议处理技巧。

案例引入

某日，在一家宝马4S店，一名从事个体经营的顾客与销售顾问进行了以下对话：

顾客：宝马730Li是不是全铝车身？

顾问：哦，我不太清楚，需要查一下资料。（查资料后）不是全铝车身。

顾客：前几天我看了奥迪A8，他们的销售员告诉我奥迪A8是全铝车身，是最新的技术，能够提升动力并且省油。我以前开的是宝马530，现在想换一部车，准备在奥迪和宝马之间做出选择。如果宝马也是全铝车身的话，我就选宝马。

顾问：（经过确认后再次告诉顾客）实在对不起，宝马730Li不是全铝车身。

结果：顾客离开展厅再也没有回来，据了解他后来买了奥迪A8。

知识链接

一、客户异议的概念及产生原因

（一）客户异议的概念

所谓客户异议，是客户对销售人员或其推销活动所做出的一种在形式上表现为怀疑、否认或反对意见的一种反应。简单地说，被客户用来作为拒绝购买理由的意见、问题、看法就是客户异议。

在汽车销售过程中，销售人员经常会遇到客户提出的各种异议。遇到最多的异议就是价格问题，如客户认为公司的价格还不够低，想让公司让价。我们经常遇到一些客户这样说："其他的店都送装具了，你们店为什么不送呢？"有些客户甚至还会怀疑公司的售后服务能力问题。

（二）客户异议产生的原因

客户异议产生的原因多种多样，可以简单地将其归结为三大类。

1. 客户方面的原因

凡是因为客户本身的原因而产生的异议都属于此类，主要有以下几种情况。

1）拒绝改变。大多数人对于改变会出自本能产生抵抗，营销人员的工作具有改变客户的含意。例如，客户要从目前使用的A品牌转成B品牌；用户要从目前收入中拿出一部分资金购买未来的保障等，都是让客户改变目前的状况，这就需要营销人员使客户愿意接受改变。

2）客户情绪低落。当客户情绪正处于低潮时，就没有心情进行商谈，极易提出异议。此时，营销人员要特别注意观察客户的情绪变化。

3）缺乏购买意愿。营销人员的言行没有能引起客户的注意及兴趣，这主要是指客户的购买意愿没有被激发出来。

4）客户的期望没有得到满足。客户的内心需要没有得到充分满足，因而无法认同营销人员推荐的车型。

5）预算不足。客户预算不足，但是又不愿说出来，这时就容易以价格上的异议为借口掩盖内心的想法。

6）借口、推托。客户不想花费时间会谈，或者只是想欣赏汽车，根本就没有购车的想法，或是根本没看中营销人员推荐的车型而又不想伤害营销人员的自尊心，异议就是最好的借口。

7）客户抱有隐藏式的异议。客户抱有隐藏异议时，会"顾左右而言他"地提出各式各样的异议。

2. 营销人员方面的原因

凡是因为营销人员而产生的异议都属于此类，主要有以下几种情况。

1）营销人员无法赢得客户的好感。营销人员的举止、态度无法赢得客户的好感。

2）做了夸大不实的陈述。营销人员为了提高销量，说服客户，往往以不实的说辞哄骗客户，结果招致更多的异议。

3）使用过多的专业术语。营销人员在介绍汽车产品时，若使用高深的专业知识，会让客户觉得是故意卖弄而产生反感，或者因听不懂而提出异议。

4）资料引用不正确。营销人员引用了不正确的调查资料，引起客户的异议。

5）不当的沟通。营销人员说得太多或听得太少都很难把握客户问题的关键所在，从而让客户产生异议。

6）展示失败。营销人员没有弄明白客户内心真正的注意点，只是凭自己的想象展示汽车，让客户产生异议。

7）姿态过高，处处让客户词穷。营销人员处处说赢客户，让客户感觉不愉快，客户也会因此产生一些主观异议。

3. 价格方面的原因

1）价格过高，客户认为产品价格过于昂贵，不符合心理期望值或经济承受能力，这是因价格原因而产生异议的最普遍的情况。

2）价格过低，在某些情况下，客户会因销售商品的价格过低，担心产品的质量以及档次而拒绝购买产品。

3）讨价还价。客户只是想通过提出异议来获得更多的折扣或优惠。

（三）客户异议的分类

客户异议可以分为真实的异议、虚假的异议及隐藏的异议三种。营销人员必须能够辨别真正的含义，并采取不同的处理方法。

1. 真实的异议

客户一般会表达目前不需要、对产品不满意或对产品抱有偏见。如从朋友处听说你们的汽车容易出故障。面对真实的异议，营销人员必须视状况采取立刻处理或延后处理的策略（表6-7）。

表 6-7 真实的客户异议的处理方式

立刻处理客户异议	延后处理客户异议
• 当客户提出的异议属于他关心的重要问题时 • 必须处理以后才能继续进行销售说明时 • 当处理好以后，能立刻签订合同时	• 对权限外或确实不确定的事情，要承认无法立即回答，但是保证会第一时间找到答案并告诉顾客 • 当客户还没有完全了解产品的特性及利益前，提出价格问题时 • 当客户提出的异议在后面能够更清楚地证明时

2. 虚假的异议

虚假的异议一般分为以下两种。

1）客户用借口、敷衍的方式应付销售人员，不诚意地和销售人员会谈，不想真心介入销售活动。

2）客户提出很多异议，但这些异议并不是客户真正在意的方面，如"这辆车是去年流行的款式，已过时了""这车子的外观不够流线型"等，听起来好像是一项异议，但不是客户真正的异议。

3. 隐藏的异议

隐藏的异议是指客户并不提出真正的异议，而是提出各种其他异议，目的是借此达成隐藏异议解决的有利环境。例如客户希望降价，却提出其他如品质、外观、颜色等方面的异议，降低产品的价值，而达成降价的目的。

面对客户的异议，营销人员必须保持正确的态度，才能使用正确的方法把事情做好。营销人员应秉持下列态度。

1）异议是客户宣泄内心想法的最好途径；

2）正确处理异议能缩短订单的距离，争论异议会扩大订单的距离；

3）没有异议的客户才是最难处理的客户；

4）异议表示营销人员给客户的利益仍然不能满足客户的需求；

5）注意聆听客户说的话，区分真的异议、假的异议及隐藏的异议；

6）不可用夸大或不实的话来处理异议，当营销人员不知道客户问题的答案时，应坦诚地告诉客户自己不知道；同时告诉客户，自己会尽快找出答案告诉用户，并确实做到；

7）将异议视为客户希望获得更多的讯息的信号；

8）异议表示客户仍有求于营销人员。

二、处理客户异议的原则

（一）事前做好准备

"不打无准备之仗"，是营销人员处理客户异议应遵循的基本原则。

面对客户的拒绝，只要事前做好准备，就能从容应对；若事前无准备，面对客户突然的异议，就会不知所措，不能给客户一个满意的答复，说服客户。加拿大的一些企业曾专门组织专家收集客户异议，并制定标准的应答语，要求营销人员记住并熟练运用。我国也有企业将营销过程中经常碰到的问题组织成册，并提供标准的应对方法，以使营销人员快速获得一些市场应对常识。

编制标准应答语的具体程序如下。

1）把营销人员每天遇到的客户异议记录下来；

2）进行分类统计，依照异议出现的次数多少排列出顺序，出现频率最高的异议排在前面；

3）以集体讨论方式编制适当的应答语，并编写整理成册；

4）营销人员熟记应答语；

5）由经验丰富的营销人员扮演客户，轮流练习标准应答语；

6）对练习过程中发现的不足，通过讨论进行修改和完善；

7）对修改过的应答语进行再练习，并定稿；

8）将定稿应答语印成小册子发给营销人员，以供随时翻阅，达到运用自如、脱口而出的程度。

（二）选择恰当的时机

美国通过对几千名销售人员的研究，发现优秀的销售人员遇到客户严重反对的次数只是不优秀的销售人员的1/10。调查发现，优秀的销售人员对客户提出的异议不仅能给予比较圆满的答复，而且能选择恰当的时机进行答复。

销售人员对客户异议答复的时机选择有以下四种情况。

1）在客户异议尚未提出时解答。防患于未然是消除客户异议的最好方法。销售人员觉察到客户将会提出某种异议，最好在客户提出之前就主动给予解释，化解客户异议，从而避免因纠正客户的看法或反驳客户的意见而引起客户的不快。

销售人员应具备预先揣摩客户异议并抢先处理的能力。因为客户异议的发生有一定的规律性，如销售人员谈论产品的优点时，客户很可能会从最差的方面提出问题。有时客户没有正式提出异议，但是他们的表情、动作及用词和声调等可能有所流露，如果销售人员觉察到了客户的这种细微变化，就可以抢先解答。

2）异议提出后立即回答。绝大多数异议需要立即给予回答。这样既可以表示对客户的尊重，给予正面回答，又可以促使客户购买。

3）客户提出异议后过一段时间再回答。有些异议需要销售人员暂时保持沉默：一是客户异议显得模棱两可、让人费解；二是客户异议明显站不住脚，不必回答；三是客户异议不是三言两语可以辩解得了的；四是客户异议超过了销售人员的职能权力和能力水平；五是客户异议涉及较深的专业知识，解释过程不易为客户马上理解，急于回答此类客户异议是不明智的。

4）不回答客户异议。许多客户异议本身根本不需要回答，如容易造成争论的话题，可一笑置之的戏言等。销售人员不回答时可采取以下技巧：沉默；装作没听见，继续按自己的思路说下去；答非所问，悄悄转移对方的话题；插科打诨幽默一番，最后不了了之等。

（三）不要与客户争辩

争辩是销售的第一大忌。不管客户如何批评，营销人员永远不要与客户争辩，因为争辩不是说服客户的好方法。正如一位哲人所说："您无法凭争辩去说服一个人喜欢啤酒。"与客户争辩，失败的永远是营销人员。有一句销售行话说得好："争论占的便宜越多，销售吃的亏越大。"

（四）营销人员要给客户留"面子"

营销人员要尊重客户的意见。无论客户的意见是对是错，是深刻还是幼稚，营销人员都不能表现出轻视的样子，如不耐烦、轻蔑、走神、东张西望、绷着脸、耷拉着头等。销售人员要双眼正视客户，面部略带微笑，表现出全神贯注的样子。销售人员不能语气生硬地对客户说"您错了""连这您也不懂"之类的话语，也不能显得比客户知道得更多；"让我给您解释一下……""您没搞懂我说的意思，我是说……"这些说法明显地抬高了自己，贬低了客户，会挫伤客户的自尊心。

三、处理客户异议的方法及技巧

（一）忽视法

忽视法，顾名思义就是当客户提出一些反对意见，但并不是真的想要获得解决或讨论时，且这些意见和眼前的目的无直接关系，只要面带笑容地同意他即可。对于一些"为反对而反对"或"只是想表现自己的看法高人一等"的客户意见，如果认真地予以回应，不但费时，还有节外生枝的可能。因此，只要让客户满足了表达的欲望，就可采用忽视法，迅速地引开话题。

忽视法经常的做法如下。

1)微笑点头，表示"同意"。

2)"您真幽默。"

3)"嗯，真是高见！"

（二）补偿法

当客户提出的异议有事实依据时，应该承认并欣然接受，强力否认事实是不明智的举动。但记得要给客户一些补偿，让他获得心理平衡，也就是让他产生两种感觉：产品的价值与售价一致的感觉；产品的优点对客户是重要的，产品没有的优点对客户而言是不太重要的。世界上没有十全十美的产品，但产品的优点越多越好，而真正影响客户购买与否的关键其实不多，补偿法能有效地弥补产品本身的弱点。补偿法的运用范围非常广泛，效果也很实用。

（三）太极法

太极法的基本做法是：当客户提出某些拒绝购买的异议时，销售人员立刻回复说："这正是我认为您要购买的理由……"如果销售人员能立即将客户的反对意见，直接转换为客户必须购买的理由，则会收到事半功倍的效果。

太极法能处理的异议多半是客户通常并不十分坚持的异议，特别是客户的一些借口。太极法最大的目的是让销售人员能借处理异议迅速地陈述产品能带给客户的利益，以引起客户的注意。

（四）询问法

询问法在处理异议中扮演两个角色：一是通过询问，销售人员可以把握客户真正的异议点；二是可以化异议于无形中。销售人员在没有确定客户反对意见前，往往可能会引出更多的异议。如果我们采用询问法可能效果就会好得多。当客户提出某种异议时，销售人员并不针锋相对地反驳，而是采用委婉的询问或反问，指出采纳客户的异议，可能带来的不良后果，而后静观其变。

例如：

客户：这款车在××经销店比你们便宜3000元。

销售人员：我们为您提供的是100%的全面服务，难道您希望我们的服务也打折吗？

（五）"是的……如果"法

人有一个通性，当自己的意见被他人直接反驳时，内心总是不痛快的，甚至会被激怒，尤其是被一位素昧平生的销售人员正面反驳。屡次正面反驳客户，会让客户恼羞成怒，引起客户的反感。因此，销售人员最好不要开门见山地直接提出反对意见。在表达不同意见时，尽量利用"是的……如果"的句法，软化不同意见的口语，用"是的"同意客户的部分意见，然后在"如果"的后面，表达另外一种情况。

例如：

客户：这车太贵了，我现在还买不起。

销售人员：是的，我想大多数的人都和您一样，马上购买会有困难。如果根据您的收入状况，采用分期付款的方式，您支付起来就一点都不费力了。

如果把销售人员的回答变成如下：

销售人员：你的想法不正确，因为……

很显然，前一种回答从逻辑上来讲顾客更容易接受，而且不容易产生强烈的抗拒心理。

（六）直接反驳技巧

一般来说，直接反驳客户容易与客户争辩，往往事后懊恼，无法挽回。但在遇到如下情况时应该使用直接反驳法。

1）客户对企业的服务、诚信有所怀疑时。

2）客户引用的资料不正确。

面对两种情况时，营销人员必须直接反驳。因为如果客户对企业的服务、诚信有所怀疑，拿到订单的机会可以说几乎为零。如果客户引用的资料不正确，要以正确的资料佐证说法，客户则容易接受。

例如：

客户：你们企业的服务态度不好，电话联系时，语气总是很生硬！

销售人员：如果有这种情况，我们一定从严查处。我们企业对员工的要求是"顾客至上，服务第一"，我相信这肯定是个别现象。

使用直接反驳技巧时，在遣词用语方面要特别留意，态度要诚恳，对事不对人，切勿伤害客户的自尊心。

拓展资料

客户："这个车后风挡玻璃面积小，视线好像不是太好！"

问题分析：客户对自己的驾驶信心不足，认为面积小视线肯定就不好。

应对要点：①纠正观点不是越大越好，而是够用才好；②强调双曲面后风挡的好处。

销售顾问："××先生/女士，我理解您的意思了，你是觉得轿车的后风窗面积小，怕影响您的倒车视线，对吧？其实这一点您完全不必担心，轿车的后风窗面积是经过专家反复验证的，一定是可以保证您的驾驶需求的，其实现在的车型设计为了保证后部的安全，很多高档车在设计时在保证视线的同时都采取了减小了后风挡的面积的做法，比如克莱斯勒、路虎的新车等。

轿车的后风挡不但可以保证您正常驾驶，同时后风挡采用了蝴蝶型双曲面的设计，不但更美观，而且有更好的排水性和高速行驶的扰流作用。同时这一设计还使后备厢的开口面积更大了，取放物品更加方便了。

就拿排水性来举个例子吧，轿车的后风挡设计，在下雨时，后风挡上肯定会有雨水遮挡视线，而双曲面的设计可以使雨水更快地滑落，不会停留在后风挡上，为您开车带来了便利，这才是真正保证您开车时后部视线的设计啊！您说是吧！"

总结拓展

本任务详细讲解了异议产生的原因，并详细讲解了处理客户异议的方法和技巧，在处理客户异议的时候需要注意哪些事项，怎样选择恰当的时机。同学们要熟练掌握这些技巧和方法，以便在以后的工作中处理问题可以得心应手。

项目巩固

实训编号：qcyl06	建议学时：4学时
实训地点：户外+教室	小组成员姓名：

一、实训描述
1. 演练任务：销售整车。
2. 演练目的：掌握整车销售流程。
3. 演练内容：考察4S店销售顾问是如何卖车的。

二、相关资源
以"客户异议处理"为关键词查询相关网络资料

三、实训实施
1. 以4~6人为一组，选出组长。
2. 分组设计销售情景方案，通过扮演顾客和销售顾问等角色进行整车销售

四、实训成果
根据教师的具体要求，分组练习后全班展示

五、实训执行评价

序号	考核指标	所占分值	考核标准	得分
1	销售整车	50	严格按照售车流程	
2	认识客户异议	20	异议的类型、原因	
3	处理异议步骤	30	使用不同话术	

项目七　新型汽车营销

任务一　汽车营销模式的比较

任务目标

1. 了解各种营销模式的特点。
2. 通过优缺点的对比，结合市场的发展和国家的法律法规，找到适合自己的营销模式。

案例引入

想象一下，从自动售货机中挑选一辆汽车，然后用手机支付费用。

这样的购车体验听起来很有未来感，但它的的确确已成为现实。2018年3月，天猫联手福特打造的一台超级试驾自动贩卖机，出现在了广州白云区5号停机坪商场附近。福特将作为天猫汽车独家合作品牌入驻"超级试驾"自动售货机大楼——整栋大楼配备智能升降系统以及先进的身份认证系统，一次性最多可容纳42台车。

汽车自动售货机的出现能够使天猫将线上、线下两端的优势结合起来。一方面利用了线上人工智能、大数据、个人征信等新技术，另一方面在线下场景为用户提供更真实购车和试车体验，从而实现用户体验效果的最大化。利用在各自专业领域的优势，福特和阿里巴巴将努力提升在售前、试驾等拥车周期前置环节的用户体验，深度挖掘能够提升消费者智能移动出行体验的新机遇。

随着"互联网+"时代的到来，汽车行业的营销模式正在发生变化，线上销售成为汽车经销商的重要战场。然而，在汽车销售越来越虚拟化的同时，汽车产品也越来越贴近消费者。通过更好地满足消费者的多样化需求，应对汽车市场日益激烈的竞争压力。2018年以来，中国汽车市场持续下滑。在竞争日益激烈的市场环境下，汽车企业也转变了营销思路，从政策驱动转向市场驱动，从价格选择转向价值选择。与此同时，车企也在生产和R&D技术、营销模式发展等方面进行创新和转型。随着汽车市场的不断成熟以及汽车产品性能和质量的提升，"互联网+"线上营销模式占比不断提升是未来的发展方向。

知识链接

一、代理制模式

（一）代理制的概念

代理制是指买方或卖方委托流通企业在其代理权限范围内从事商品交易业务的一种商流形式，接受买方或卖方委托的流通企业称之为代理商。汽车营销代理就是汽车生产企业委托区域市场上的某些分销能力较强的代理商为其销售产品。

在西方发达国家，代理商属于中介机构，只拥有销售代理权，而不拥有对产品的所有权，主要职责是按委托方的意志，促进买卖双方交易的达成，其收入是佣金而不是购销差价。我国的汽车销售代理商，在汽车交易过程中，几乎参与汽车营销的所有活动，包括促销、谈判、订货、付款等过程。我国目前没有实行汽车代理佣金制度，虽然汽车生产企业的商务政策中规定根据销量给予返利，但这不属于代理佣金，代理商的收入主要是汽车的买进卖出的差价。西方发达国家的汽车代理商一般不具备仓储功能，也不参与资金流的活动，不提供汽车消费信贷，风险较小。我国的部分能力较强的汽车代理商通过与汽车厂家、银行合作，可以提高汽车消费信贷，并且一般具备仓储功能。

汽车代理制包括总代理制和区域代理制。总代理制的销售模式可表述为厂商→总代理→区域代理→下级代理商→最终用户。进口汽车主要采用这种销售模式。区域代理制的销售模式可表述为厂商→区域总代理→下级代理商→最终用户。这种模式与IT渠道的区域代理制基本一致。这是汽车销售渠道最早采用的模式，目前使用这种模式的厂商已较少。

（二）代理制的特点

汽车销售实行代理制，有着鲜明的优点。

1）汽车代理商是独立的法人组织，与汽车厂家有较长期稳定的关系。

2）实现工商分工合作，充分调动汽车生产厂家和代理商的积极性。

3）代理可以增加汽车的销售网点，增强营销网络的功能，使汽车营销活动更加灵活，更贴近用户。

4）汽车代理商能够适应市场竞争需求，可以更加专业化，提高销售效率。

5）汽车生产企业可以通过合理地管理和控制代理商，保证生产的顺利进行，有利于分担经营风险。

但是，汽车销售代理模式也有自身的不足。生产企业必须及时了解市场信息，生产符合市场需求的产品。代理商作为区域市场的信息桥梁，如果信息交流沟通不及时、不彻底、不准确，就会造成供需矛盾，汽车销售代理模式在我国还需根据国情进一步完善。

二、特许经营制

（一）特许经营的概念

特许经营也称为经营模式特许或特许连锁。虽然称呼有所不同，但在国际上特许经销已经有了约定俗成的含义，欧洲特许经销联合会对其的定义是：特许经营是一种营销产品和（或）服务和（或）技术的体系，是基于在法律和财务上分离和独立的当事人（特许人和他的单个受许人）之间紧密而持续的合作基础之上的营销产品和（或）服务和（或）技术的体系，依靠特许人授予其单个受许人权利，并附以义务，以便其使用特许人的概念进行经营。此项权利经由直接或间接财务上的交流，给予或迫使单个受许人在双方一致同意而制定的书面特许合同的框架之内，使用特许人的商号和（或）商标和（或）服务标记、经营诀窍、商业和技术方法、持续体系及其他工业和（或）知识产权。

在特许经销的运营中，至少涉及特许人和受许人。特许经销在本质上是一种连锁经营的市场销售分配方式，其基本特征如图7-1所示。特许经营制的销售模式可表述为厂商→特许经销商→最终用户。

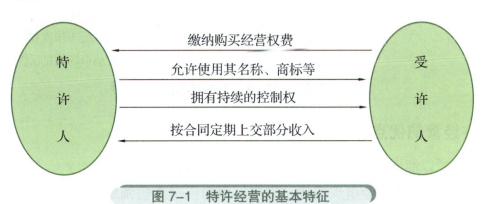

图7-1 特许经营的基本特征

（二）我国的汽车特许经营的政策规定

我国的特许经营汽车销售制度，是指汽车销售企业要想经销某品牌的汽车，必须先取得该汽车供应商的许可，工商行政部门才进行工商登记并颁发工商执照，否则工商行政部门不进行工商登记和颁发工商执照，汽车供应商也不会向该企业发货，汽车销售企业也无法经销该品牌的汽车。但这里的特许经营并非垄断经营。获得汽车供应商的许可和获得工商营业执照是汽车销售企业获得品牌经营权的两大前提，并后者以前者为条件。

汽车品牌销售，是指汽车供应商或经其授权的汽车品牌经销商，使用统一的店铺名称、标识、商标等从事汽车经营活动的行为。品牌销售是指，店铺的显著位置上应标注统一的与该汽车品牌有关的名称、标识、商标等区别性标志。

（三）4S特许经营的标准

1998年，由欧洲传入我国的4S特许经营模式。由于它与各个厂家之间建立了紧密的产销关系，具有购物环境优美、品牌意识强等优势，一度被国内诸多厂家效仿。汽车4S店是一种以"四位一体"为核心的汽车特许经营模式，包括整车销售、零配件、售后服务、信息反馈等。4S特许经营标准如图7-2所示。

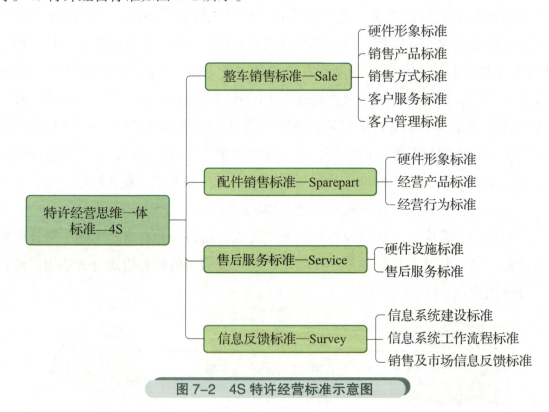

图7-2　4S特许经营标准示意图

（四）特许经营的优点

特许经营之所以能够迅速推广，就是因为这种经营模式优点明显。

1）形成汽车大流通商业组织模式。当前，国内汽车流通领域主要通过经销商和汽车生产企业签订经销合同或协议而建立汽车经销关系，各种特色的经销商之间相互独立，导致所有经销商呈现"大而全""小而全"的功能特征,汽车市场组织呈现比较混乱的局面。特许经营模式有总部(汽车生产厂家)的严格控制和要求,各经销店采用统一标识、统一销售模式、统一服务标准等规范,在经营组织形式上前进了一大步。

2)减少流通环节,降低经营成本。特许连锁经营中,汽车生产企业一般通过物流公司统一配送资源,经销店面向直接用户,销售渠道短,经营成本低。

3)规范市场秩序,减少无序竞争。由于普通经代销商出于各自利益的考虑,价格竞争非常激烈,特别是市场淡季或竞争激烈时,极易陷入价格战,市场处于无序竞争状态。特许连锁经营采取统一运作模式,对于经销商的无序竞争相对容易控制。

4)市场信息反馈准确、及时。特许连锁经营规定统一反馈市场信息,并对市场信息集中处理,各经销店及生产企业能够及时、全面了解市场动态,为市场决策提供了必要依据。

(五)特许经营的局限性

特许经营模式的优点明显,但是随着市场竞争的加剧,特许经营模式的局限性也呈现出来。特许经营模式存在"双重道德风险"。

(1)经销商的"道德风险"

各个区域市场的经销商的"道德风险"主要体现在以下几个方面。

1)低价销售(打价格战)和跨区域销售。低价销售和跨区域销售一直是困扰汽车销售的两大难题,经销商的道德风险也主要体现在这两个方面上。

经销商在销售汽车时,不仅要考虑销售一辆汽车所能够带来的利润,还要考虑汽车销售数量的增加所带来的年底结算时汽车厂家的返利(又称价格折扣,一般厂家会根据经销商的销量给予一定的返利)。经销商会结合厂家的返利与顾客讨价还价的具体情况决定汽车的最终销售价格,而不会完全遵循汽车厂家的统一价格要求,这样同一区域市场就会出现同一车型价格不同的混乱现象。

跨区域销售(窜货)的发生主要是汽车经销商为了追求额外利润的结果。尽管汽车厂家划定了区域市场的经销商的管辖区域,经销商应在各自辖区内销售汽车。但是由于各种原因,经销商跨区域销售,这样不仅会导致经销商在区域销售上的冲突,也会影响其他区域市场汽车价格的稳定。

2)服务质量不统一。在汽车的销售过程中,经销商不仅要为顾客提供规范的服务,如着装和语言、接待顾客、展示商品车、签约成交等环节的规范要求,而且要为消费者提供信息方面的服务,并收集消费者及市场信息,反馈给汽车厂家。但是,汽车厂家很难监督经销商,经销商可能为了降低成本,不提供或者少提供某些服务,或者提供质量较低的服务。

(2)汽车制造商的道德风险

在国家政策、市场信息、产品技术等方面,汽车厂家掌握的信息往往比经销商更多。汽车厂家可能因此而发生道德风险。

1）汽车制造商的操作风险。销售商加盟汽车厂家的特许体系后，厂家可能利用掌握的信息以及特许合同所赋予的权利侵犯经销商的利益。例如，由于不允许经销商跨区域销售汽车，区域市场内授权经销商的数量及网点分布变得至关重要。汽车厂家为了扩大销售网络，总是趋向于多设经销商网点，于是以结束合同为由进行威胁，降低特许经销商销售每辆汽车所得的差价。汽车产品进行技术革新或者汽车厂家需要改造整个经营网络体系的时候，通过降低差价，市场营销能力较差的经销商可能满足不了汽车厂家的要求，汽车厂家就可以名正言顺地达到取消劣质经销商资格的目的。

2）汽车制造商的经营风险。经销商之所以愿意投入资金、支付特许权使用费、接受汽车厂家的要求，主要原因是经营该品牌的汽车是有利可图的。从这个角度讲，一个合适的汽车厂家必须满足以下条件：拥有好的汽车品牌；产品有良好的获利能力；企业具备长期市场生存和市场竞争的能力；有稳定高效的物流配送系统；有管理整个特许经营系统的能力等。如果汽车厂家做不到这些，就会使经销商的效益降低。

拓展资料

1997年，美国保险推销员汤姆达克开始了一项娱乐性的退休计划。他以1万美元买了9辆旧车，再加上自己原有的4辆车，开始经营旧车出租业务。7年后，他经营的丑小鸭汽车出租公司已拥有500个特许联号，年交易额达5000万美元，发展极为迅速。

那时出租车市场的巨头是赫尔斯公司，它的收费标准是15~25美元/日，顾客主要是公务在身的旅行者。汤姆达克把自己的目标顾客锁定在那些出外旅游度假的家庭以及自己有车但正在维修的顾客。他把出租价格定得很低，每天的收费只有4.95美分。汤姆达克的出租旧车生意非常红火，1979年年初，他成立了丑小鸭汽车出租公司，开展特许经营。

每个新的特许联号要向母公司一次性预付3500美元。一旦开张，这家联号每月要将5%的利润作为特许使用费上交母公司。丑小鸭公司联号的多数经营者本身就是汽车商，这些汽车商把折价换来的旧车用于出租，但在出租前都要经过严格的检修。丑小鸭公司与一家专门的汽车检修中心签订合同，所有用于出租的旧车都必须得到这家检修中心的认可。

很多人都抱怨创业没有机会，投资没有领域。其实只要你用心去观察，机会就在你身边。发现市场空白，用少量的资本做成大事业，其实并非不可能。

三、品牌专营制

（一）品牌专营的概念

随着汽车市场由卖方市场转为买方市场，厂家的市场销售转为被动，大量产品积压，不得不给经销商让利，降低库存。于是，从1997年年底开始，汽车厂家开始建立一种新的营销体系：以汽车厂家的销售部门为中心，以区域市场的管理中心为依托，以特许或特约经销商为基点，受控于汽车厂家的全新营销模式，即品牌专营。

品牌专营制的销售模式可表述为汽车厂商→授权的专卖店→最终用户。品牌专营制是1998年在我国开始发展起来的销售渠道模式，主要以整车销售、零配件供应、售后服务"三位一体"（3S专卖店）和整车销售、零配件供应、售后服务、信息反馈"四位一体"（4S专卖店）为表现形式。

（二）特许经营和品牌专营的区别

特许经营和品牌专营的区别主要有以下几点。

1）对经销商的要求不同。特许经销制下，厂商一般只能就经销商的地理位置、销售能力等进行考察，不能对申请特许经销的代理商有过多的软、硬件要求，如店面的大小、装修水平、售后服务方面；品牌专营制下，厂商不仅注重专卖店的位置和销售，同时对专卖店的硬件有着严格的规定，有的甚至连装修材料的采购地点都有明确的规定，"四位一体"功能的（4S）专卖店还特别强调售后服务、信息反馈。

2）管理力度不同。厂商对特许经销商的销售管理和培训方面支持较少；品牌专营制下，厂商对专卖店有着严格的管理，在店面管理、销售管理、员工培训等方面都有统一的管理措施。

3）展示的形象不同。特许经销制下，经销商不能展示厂商的品牌形象；品牌专营制下，专卖店可以展示厂商的品牌，注重展示厂商的形象。

4）经营品牌的数量不同。特许经销商经营汽车的品牌数量不是唯一的，厂商也不能对此进行控制；品牌专营店只能经营单一的汽车品牌。

（三）品牌专营制的优缺点

品牌专营大多采用"3S"或"4S"模式，以充分发挥其优势。

1. 品牌专营制的优点

1）能提供良好的客户服务，真正体现以客户为本的经营理念。这种多功能一体化的模式通过提供舒适的购车环境、专业完善的售后服务、纯正的零部件，使客户从购车到用车的全过程得到良好的服务。这种售前、售中和售后全程式服务，真正实现了以消费者为本的经营理念。

2）有利于培养良好的企业精神和塑造优秀的企业形象。在专卖店里，透明的管理模式拉近了管理层与员工之间的距离，培养了团队的合作精神，也正是凭着这种与众不同的凝聚力，体现汽车品牌的形象魅力，从而赢得客户的信赖。

3）品牌专卖有利于汽车生产企业集中人力、物力研究市场、开拓市场；有利于规划、发展和管理营销网络；有利于增加经销商的服务功能；有利于企业产品开发和生产同市场的衔接和配合；有利于企业对市场进行前瞻性的规划；有利于企业根据区域市场的特点制定灵活的营销策略。

4）品牌专营有利于稳定市场、开发市场，可以通过划分市场区域、控制市场价格，使经销商成为企业进行市场竞争的有力帮手。

2. 品牌专营诸多弊端

1）品牌专营设置了经销商加入的门槛，限制了市场的充分竞争。经销商一旦与生产厂家签订了品牌汽车销售的协议，就形成了人为的市场区域分割。汽车生产企业规定经销商不得跨区域销售，造成了同一品牌的汽车在不同的区域市场价格差别很大。虽然汽车生产厂家制定"全国统一售价"，但各地的经销商往往会根据当地的市场情况、自身利益或利用厂家商务政策的空子，考虑如何使自己的利润最大化，在实际操作中不按厂家限价执行，从而导致同一品牌的汽车各地市场价格混乱，市场秩序难以规范。

2）经销商要想获得某一品牌的专营权，除各道门槛的公关，还要满足厂家的种种要求，投资数百万元甚至数千万元以建设专卖店，并且场地大小、店面设计、形象标识等必须按厂家规定装潢，甚至有的建筑材料、洁具、家具款式、色彩等都必须按指定品牌采购和使用。经销商的投入大，回收期长，产品品牌单一，难以满足市场多层次的需求。

3）品牌专营的经销店都是按3S或4S标准建立的，它必须承担该品牌汽车的售后维修、保养的服务责任。这在理论上增加了专卖店的利润空间，延伸了汽车经营的价值链，但前提条件是当地市场必须有较大的市场保有量作为支撑；否则，经销商的巨额投入必将大大增加经营成本和风险。同时，由于在配件供应、维修技术、甚至维修设备等方面对汽车厂家的高度依赖，经销商处于汽车厂家的控制之中，汽车厂家和经销商之间的关系不平等。

4）品牌专营容易形成垄断。我国汽车销售实行"审批制"，即那些想进入汽车销售渠道的公司或个人，必须先通过政府主管部门的审查，以获得经营资格。

四、自营自销

自营自销也称自产自销，就是汽车生产企业自己生产、自己销售本公司的产品。通常，采取自营自销这类模式的企业都有独立的销售网络体系。

1. 自营自销的优势

1）销售网点分布建设速度快。自产自销的营销体系，使企业可以省去很多商务与法律程序，在单一权力意志的推动下，集中人、财、物进行网点布建工作。

2）产品占领市场快。自营自建营销网络便于形成金字塔式的多层次销售网络体系，使新产品迅速深入各个区域市场及市场的各个层面。

3)有利于树立品牌形象。自建自营销售网点,一般只经营本公司的产品,可以使品牌形象迅速传播与确立。

4)便于市场管理。由于整个销售网络的所有分支机构的人员都是本企业的员工,公司制度一致,便于管理。

2. 自营自销模式的弊端

1)运作成本较高。在营销网络的构建过程中,汽车厂家需要投入大量的人力、物力、财力和精力,并且需要配备相应的设备及营销人员;同时,由于厂家集产权、经营权于一身,缺乏有效的监管与自控,极易发生铺张浪费现象,销售成本过高,企业利润低下,企业员工工资福利较低,从而影响员工积极性。

2)客户利益得不到有效的保障。产、销一体化的销售机制导致员工市场竞争意识差,客户服务意识不强,往往导致对待顾客傲慢无礼,严重影响企业的市场口碑与品牌的公众形象。

五、汽车超市模式

(一)汽车超市的基本概念

汽车超市又称汽车商场或汽车大卖场。这种营销方式就是将各品牌的汽车产品集中销售,在同一时间为客户提供各种品牌、车型、价格等方面更多的选择权。

(二)汽车超市营销模式的特点

(1)汽车超市模式的优点

1)汽车超市最突出的优势就是"汽车产品全,客户选择范围大"。客户在一家汽车超市就能看到绝大多数的车型实物,可以对各种有意向的车型的价格、性能、外观造型等方面进行比较,而不必为了选购一辆汽车而跑遍所有的专卖店,充分做到为客户着想。

2)汽车超市营销模式把汽车营销和人们的日常生活融合在一起,通过"超市"给顾客创造一个良好的购物环境,让顾客在轻松、休闲的娱乐方式中,尽情体会汽车文化,吸引市场人气,开发潜在的消费者。

3)效率更高,服务更加人性化。汽车超市一般具备车辆展示、销售、美容保养以及汽车消费信贷、汽车保险、上牌照、办理各种税费(如车船使用税)等一站式的服务功能。车主在超市就可以完成购车上路的事宜。

4)在汽车超市,众多品牌汽车呈现在消费者面前,不仅拉近了消费者与汽车的空间距离,而且拉近了心理距离,对汽车销售有明显的促进作用。

5)经销商的经营风险大大降低。汽车超市属于多品牌经营,对经销商来说,经营风险被分散开来,风险更小,容易获得规模效应,利润更可观。

6）提高经销商的话语权。在我国汽车市场，汽车经销商相对于直接消费者来说，是买方市场，而相对于汽车厂家来说仍是卖方市场。经销商相对汽车企业来说还是弱者，话语权较低。从长远看，随着我国汽车工业的迅速发展，汽车厂家的卖方市场地位也在逐渐减弱，汽车特许经营模式必然会受到冲击，拥有完善流通渠道的经销商必将获得市场优势，经销商的市场话语权将逐渐提高。

（2）汽车超市模式的缺点

1）由于汽车超市价位相对较低，利润空间较小，汽车厂家不愿将汽车交给汽车超市经营，经销商只有从一级经销商那里获得汽车资源，这样不仅增加了汽车超市的进货成本，而且在市场旺季或商品车供不应求时很难获得汽车资源，更为重要的是，汽车超市在售后服务方面还无法做到4S店那样的规范和有保障。

2）特许经营的限制。汽车品牌经销商须经汽车供应商授权、按汽车品牌销售方式从事汽车销售和服务活动；汽车品牌经销商应当在汽车供应商授权范围内从事汽车品牌销售、售后服务、配件供应等活动；汽车品牌经销商应当严格遵守与汽车供应商的授权经营合同，使用汽车供应商提供的汽车生产企业自有的服务商标，维护汽车供应商的企业形象和品牌形象；汽车品牌经销商必须在经营场所的突出位置设置汽车供应商授权使用的店铺名称、标识、商标等，并不得以任何形式从事非授权品牌汽车的经营。

能够建立汽车综合超市的经销企业必须具有极强的综合实力，使用自己的经销商品牌而非汽车制造商的品牌，在汽车超市里，将众多品牌的车型摆放在一起，要使用所有汽车生产企业的服务商标，并且要在突出位置设置汽车供应商授权使用的店铺名称、标识、商标等，势必给超市的管理和经销商的企业形象带来麻烦。

3）投入要求高。超市的特点就是商品"多而全"。汽车超市里的车型要做到"多而全"，既要与专卖店竞争，还要同汽车交易市场竞争，对超市经销商的资金实力、市场运作能力、人力资源的配备等方面都有极高的要求。

六、展卖制

（一）展卖的概念

汽车展卖就是利用汽车展览会和汽车博览会及其他交易会形式，对汽车产品实行展销结合的一种营销方式。

展卖的特点如下。

1）有利于宣传汽车产品，扩大市场影响，招揽潜在客户，促进交易。

2）有利于建立和发展客户关系，扩大销售地区和市场范围。

3）有利于开展市场调研，接触到消费者的意见反馈，便于改进产品质量，提高产品市场竞争力。

4）在进行产品展销的同时，也展示了各参展商的企业形象，并交流各种信息。

（二）国际五大车展

（1）德国法兰克福车展

法兰克福车展创办于1897年，是世界最早的国际车展，也是世界规模最大的车展，有世界汽车工业"奥运会"之称。展出的车辆主要有轿车、跑车、商用车、特种车、改装车以及汽车零部件等；配合车展还举行不同规模的老爷车展览。法兰克福是名车发源地，靠近各大车商总部，来看法兰克福车展的人消费心理非常成熟，汽车知识了解得很全面。他们挑车型重视的是汽配零部件质量、维修问题等，理性实用的成分居多。

（2）法国巴黎国际汽车展

享誉全球的法国巴黎国际汽车展，创办于1898年，展览时间与德国法兰克福车展交替举办，展览地点位于巴黎市区，车展始终围绕着"新"字做文章，各个汽车厂商将企业发展的历史和品牌崛起的历程展示给观众，新车、概念车、赛车、改装车、特型车不胜枚举，各款新奇古怪的概念车常常使观众目不暇接。

（3）瑞士日内瓦车展

瑞士日内瓦车展创办于1924年，是欧洲唯一每年度举办的大型车展，是各大汽车商首次推出新产品的最主要的展出平台，素有"国际汽车潮流风向标"之称，是最受全球传媒关注的国际车展，被业内人士看作最佳的行业聚会场所。车展的理念已由强调销售和推广新车转向提倡汽车设计的新概念和新形象，其最大特色在于有很多设计公司参展，而且作品的吸引程度不比汽车厂商差。非常吸引眼球。

（4）北美国际车展

北美国际车展创办于1907年，活动内容非常丰富，除了以汽车为媒介起到娱乐百姓的社会效应，也是美国汽车行业的一次盛会。车展期间，主办方要举办一系列丰富多彩的活动，包括多场汽车厂家的产品发布会、媒体论坛、地方政府支持的专题研讨会、非政府组织论坛、行业研讨会、企业展示会等，目的是吸引全美和国外大量的专业人士参与，发挥"会展经济"的拉动效应。

（5）东京国际车展

东京国际车展创办于1954年，是亚洲最大的国际车展，历来是日本本土小型汽车的舞台，是目前世界最新、条件最好的展示中心，展品主要有整车及零部件。

东京车展素以规模大、注重新产品新技术的推出、展出产品实用性强而闻名于世。日本车商把市场细分成了无数个小块，甚至以性别、年龄层次和特殊需求在同一平台设计不同的车型。例如，有很多专为残疾人设计的汽车，这类汽车在打开车门后，驾驶座会自动转90

度,以方便乘坐,还有可用手控制的刹车等。

(三)我国的汽车展卖发展简介

(1)北京国际汽车展览会

北京国际汽车展览会自1990年创办以来,连续举办过十届。该展览会每逢双年在北京中国国际展览中心和全国农业展览馆举行,规模和影响不断扩大,新产品、新技术不断推出,随着中国汽车市场和汽车工业的不断发展,已具有巨大影响,是国际汽车展览会中著名的品牌展会之一。

众多国际顶级汽车跨国企业集团已将北京国际汽车展览会与世界五大知名汽车展览会同时列为国际A级汽车展览会,即北京国际汽车展在其全球营销预算和资源调配中享有最优先地位。Auto China已成为我国在国际会展行业为数不多的知名品牌之一,是在我国乃至在亚洲最有影响力的国际性汽车专业品牌展览会,并有望成为世界三大车展之一。Auto China已超越了一个展览会的意义,成为具有国际影响力的象征符号。

北京国际汽车展览会作为国内规模最大,在国际上有广泛影响的国际汽车展事之一,为中国汽车工业的发展,为我国会展业向国际化水平迈进做出了卓越的贡献。

(2)上海国际车展

中国的汽车工业已经从最初的载货车为主转变为以轿车为主,基本完成了面向市场、面向大众,使其成为商品化的过程。无论是产业结构的调整,还是消费观念的转变及销售和服务体系的重新构架等都趋于一致,取得了共识,引发了汽车热的升温,一浪高过一浪,波及车展业的兴起也是一浪高过一浪,并同步走向市场,走向成熟。

1985年,中国首届国际车展在上海举行,开创了中国汽车展的风气之先。73家汽车公司参加了该次车展,展出规模为15000m^2。当时,对大多数人来说,第一次公开见到桑塔纳轿车就是在这次车展上。当时组装的桑塔纳被看作"进口车",极富神奇色彩。

受当时国内汽车发展水平的限制,当年参展的厂商都来自国外,几乎看不到本土汽车厂商的身影。虽然当时中国的汽车工业并不发达,但是谋求更高、更快发展的中国汽车产业迫切需要对整个世界汽车工业发展的了解,而国外大多数汽车制造商也发现了有着巨大潜力的中国汽车消费市场,也在急于寻找机会向中国展示其新技术、新产品,树立其品牌形象。

上海车展作为国内重要的车展之一,每两年举办一次,与北京车展隔年度交替举办。上海车展印证了世界汽车巨头对中国汽车市场的信心,也让他们更加清晰地看到中国汽车市场未来的希望。

(3)广州国际汽车展览会

中国(广州)国际汽车展览会创办于2003年,定位于"高品位、国际化、综合性",基于广州市人民政府的大力支持,依托中国1/3的汽车消费市场、强势发展的汽车产业优势以及亚洲最好的展馆，经过精心培育的广州车展已成为中国国内知名汽车展之一。

七、汽车大道

汽车大道营销模式就是为了方便顾客进店，而在宽敞的道路两侧设立众多品牌的汽车专卖店（3S店或4S店），各店独立经营、自主经营，形成各品牌专卖店的聚集群。汽车大道模式集汽车交易、咨询、售后服务、信息、汽车文化等各种功能于一体，具有良好的购车环境，客流量大、交易规模大。例如，上海的"联合汽车大道"、北京的"京西汽车大道"、天津的"长江汽车大道"。

八、汽车工业园区模式

作为一种全新的汽车分销渠道模式，汽车工业园区模式最先出现的是北京国际汽车贸易服务园区。这种新模式是汽车市场发展的新阶段，也是有形市场新的发展方向。汽车工业园区结合中国市场"既集中又分散"的特点，将国外几种渠道模式有机结合，成为集约式汽车交易市场发展的新方向。但它不是汽车交易市场简单的平移和规模扩张。相对于汽车交易市场和品牌专营店，其最大优势就是功能的多元化。汽车园区具有全方位的服务集成功能，反传统的集约型融入现代专卖的渠道模式，以3S、4S店集群为主要形式；在规划和筹建上力求与国际接轨，并适度超前。

目前，我国汽车园区的构想刚刚起步，国内不少地区正积极筹建当地汽车工业园区，相信在不久的将来，这种模式会发挥出它潜在的巨大功效。

九、汽车网络营销

网络营销的理论基础

汽车网络营销是一种全新的购车方式，它运用强大的协同功能，通过整合文字、图片、视频、音频、互动、网络导航等多种演示手段，彻底颠覆了业界传统的购车方式，为汽车终端销售市场带来了一场全新的变革。汽车网络营销通过模拟线下售车的全过程，让汽车购销双方在足不出户的条件下即可实现网上看车、选车、咨询、订单生成的全过程，突破了时间和空间的限制，轻松便捷地完成选车购车的全过程，同时，还可享受各种线下4S店没有的特别优惠。与传统的汽车4S店的"坐销"模式相比，网络营销的主动性将为汽车行业带来营销模式的全新变革，在充分利用网络的交互性、广泛性等基础上，整合各方面的优势资源于一体，为汽车生产厂商、经销商和消费者之间搭起了一座最好的沟通桥梁，开启了电子化和数字化营销的新篇章。

1. 从"知名度到忠诚度"的品牌路径

在腾讯汽车看来，购车行为是一个理性与感性同时发挥作用的过程。消费者从对某个汽车品牌产生认知到形成好感，最后变成忠诚甚至乐于向朋友推荐，在其与品牌情感由弱到强的整个过程中，一个整合的在线营销平台能以最有效的方式发挥作用，而这正是其他媒体平台所不能比的。

腾讯的汽车频道首先是一个以潜在购车者为中心的资讯新闻平台，购车者需要了解的最新资讯都能在这个平台上找到。对于汽车厂商，这个资讯平台同样是与潜在消费者沟通的桥梁。由于内容充实、信息量大、传播速度快，覆盖中国90%的网友，能在最短的时间把最新的产品资讯带给潜在用户。同时，Live等流媒体平台也能够提供新车上市的视频，更丰富了潜在消费者感受新车的方式和渠道。以此为基础，腾讯开发出数字接触点广告投放工具。

2. 网络营销：整合带来价值

无论是在门户还是社区，作为广告客户，面对的选择都不可谓不多。那么，怎样进行营销投放组合，才符合ROI最大化的要求呢？业内人士认为，厂商需要考虑的一个重要因素是如果用户不得不在多个不同的平台间迁徙，可能导致他们中途对营销活动失去兴趣。举例来说，如果在一个纯粹的门户上做营销活动，而客户发现需要重新注册一个ID才能参与和分享，那他可能会因为怕麻烦而放弃，而在腾讯这样的整合平台上，用户的聊天号就能注册，并可以直接用IM空间等方式来分享和参与，这种由无缝连接带来的用户感受的流畅，是网络营销成功的关键。

业内人士认为，腾讯广告平台以整合取胜，并非巧合，而是与腾讯自身的业务布局现状密切相关。目前，腾讯已经在几乎每一个重要的互联网业务领域布下了棋子，而支持这些业务蓬勃发展的"酵母"，就是腾讯在IM上积累的巨大用户资源。这种资源为"IM+门户+社区"的整合平台提供了坚实的后盾，其活跃度又恰好符合Web 2.0主动参与的互联网精神，成为品牌主急需的消费者深度沟通平台。"对于广告主，如今的腾讯网有点像当年的IBM，借助其优势的软硬件产品和服务，为客户提供完整的解决方案。"某业内人士预测说。

3. 腾讯智慧：平台加方法理论的胜利

2008年，腾讯推出了MIND高效在线营销方案。通过可衡量（M）、高互动（I）、精准导航（N）和有效区隔（D）四大核心要素，建立起腾讯在线营销的方法理论，从此，腾讯完成了由授人以鱼到授人以渔的转移。有了MIND，很多传统行业广告主进行网络营销就有了方法理论的依据，也为网络营销的深入发展奠定了坚实的基础。

网络营销的特点

总结拓展

本任务一共讲述了九种汽车营销模式，每一种都有自己独特之处，同学们在学习过程中应认真分析每种模式的优缺点，进而在工作中根据产品属性选择合适的营销模式。

任务二 汽车微博营销

任务目标

1. 了解企业微博汽车品牌传播的形式。
2. 了解汽车品牌传播策略。

案例引入

长安汽车，是重庆家喻户晓的汽车品牌。长安汽车开启"粉丝活动月"，收获大量粉丝。

"粉丝营销是指企业利用优秀的产品或企业知名度拉拢庞大的消费者群体作为粉丝，利用粉丝相互传导的方式，达到营销目的的商业理念。"

长安汽车以"看见每一个你"为主题的"粉丝狂欢月"活动正式上线。截至月底，参与人次达180万人次。长安汽车基于用心了解粉丝群体的喜好，挖掘粉丝的需求，以粉丝的角度出发，尊重粉丝。长安汽车在本次活动派发出的瓜分积分卡、每日答题，宣传有创意传播动画视频、趣味十足的H5；为粉丝提供独一无二的娱乐体验，提升粉丝的品牌好感。

长安汽车同时在这些活动中，以大众喜闻乐见的"瓜分积分"、创意H5等娱乐形式，重视粉丝的"体验感""存在感""娱乐感"，因此能够获得粉丝的广泛好评，并在原有的粉丝基础上，收获大量新的粉丝队伍。与此同时，将顾客引流到汽车官网中来，为官网入口带来了巨大的流量，获得丰富的流量变现价值。

一、汽车品牌传播相关理论

（1）品牌传播及其要素

从网络运营的角度来看，利用网络广告、公共关系、企业形象识别、网络促销等，树立汽车企业品牌形象，提高企业品牌资产价值，追求传播效果的最大化。品牌传播的过程就是向公众传递品牌信息并对其消费价值观念产生影响的过程。汽车品牌传播是对信息的传播过程，根据传播学的 5W 理论，品牌传播包括五个基本要素，如图 7-3 所示。

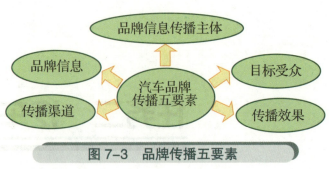

图 7-3　品牌传播五要素

（2）微博品牌传播的概念

微博品牌传播是利用微博的传播特性进行的企业形象塑造及品牌推广的活动。企业可以通过微博向目标群体传递一切形式的品牌信息，包括车型选择、配置参数、订单处理、物流配送、配件供应、汽车美容、维修保养、信息提供，并可以通过评论、转发的形式与消费者进行有效互动，通过目标群体的反馈了解品牌传播的效果。企业品牌主要传播的是企业微博的关注者，而微博这种病毒式的传播方式通过品牌信息的二次传播和多次传播将影响大量的潜在和间接的受众，产生和提升品牌价值。

二、企业微博汽车品牌传播的形式

（1）企业信息发布

企业通过微博平台发布汽车产品信息、行业动态、维护和保养等相关信息，让消费者通过对汽车品牌、汽车产品和汽车后市场服务的了解来增强对企业品牌的认可程度。同时，在微博上发布企业参与的公益活动，或者关注公共事业等信息，传达企业正能量，增加品牌的美誉度。

（2）汽车品牌展示

通过微博平台向消费者直接或间接展示汽车品牌价值、品牌文化等信息，依照企业品牌传播策略设置头像、描述、色彩等以彰显品牌特性，向消费者传递其品牌理念、品牌特征、品牌标识等品牌信息。

（3）与消费者建立良好关系

企业品牌的塑造传播是一项对消费者进行的长期投资，提高消费者的持续认可的程度，维护一个老客户成本比开发一个新客户的成本要低很多。汽车品牌传播借助开放的微博平台，与消费者或潜在消费者及时沟通，了解他们的需求，这种良性的互动有助于建立和维系企业与消费者的情感纽带，提高和保持消费者对品牌的忠诚度。

（4）危机公关处理

互联网和移动客户端的应用，使我国的舆情环境发生了巨大的改变，当企业出现公关危机事件的时，是品牌传播证明自身价值的最佳时刻。当企业出现公关危机时，企业微博可以成为应对危机的工具，让消费者及时了解到事态的进展，最大可能减小负面影响，维系品牌形象。

三、基于企业微博的汽车品牌传播策略

（1）选择合适平台

汽车品牌微博传播需根据其自身的特点和品牌定位进行平台的选择。微博是连接厂家与经销商、厂家与客户、经销商和客户（或潜在客户）的平台，而各个平台的受众群体年龄、消费水平、兴趣爱好、关注领域也有一定的差异性。因此，企业需根据自身的品牌定位和特点判断目标受众，初步锁定产品的目标群体，谨慎地选择一个（或多个）微博平台进行传播，实现传播策略的准确定位，进而取得较好的传播效果。

（2）明确基于企业微博的汽车品牌传播的目标

汽车企业在制定基于微博的汽车品牌传播策略之前，企业品牌微博传播目标的设定应当与企业的商业目标一致，在营销过程中，结合产品，寻找市场的空白点和消费者心目中的空白点。品牌传播的目标对具体传播策略的制定和实施具有指导作用，具体分为品牌价值提升、品牌形象塑造、品牌监测、品牌修复四个方面。

（3）汽车品牌传播策略整合

①个性化传播策略。企业要利用微博进行有效的汽车品牌传播，需要大量的受众群体，因此企业微博从注册账号开始，需要经历一个积累用户的过程。企业通过微博为消费者提供个性化的服务或体验，向具有不同需求的客户传递个性化的信息和企业对这个领域内事物认知的态度，企业"个性化"形象塑造，使品牌建设立体化。②情感传播策略。客户情感需求的供给，超越商品物质层面的信息传输。对于企业微博来说，微博营销的核心是"吸引"而不是"推送"。它们的关注者往往是对其品牌有一定认知度或潜在消费者。企业微博在内容上的商业味不宜过于浓厚，充分契合粉丝的兴趣点和影响力等，找准营销切入点，围绕企业及其相关进行软性宣传。③互动策略。微博具有独特的双向互动性——不仅仅注重倾听，更加关注交流。企业微博传播不仅是企业单方面的独白，而是企业和消费者的互动。企业在利用微博进行营销时，首先要结合自身特点和企业需求设计互动内容，在措辞和表达上学会以娱乐为导向，让沟通言之有物，有的放矢；通过互动对消费者产生实际价值，增强品牌黏性。

（4）品牌延伸策略

打造汽车行业专属品牌，从产品设计到消费引导及售后服务等各环节上要能够满足消费者的使用习惯，保持品牌的高品质。为了加大规模和满足消费者的个性需求，大型汽车企业不断将产品线延伸到更多的细分市场。但是为了避免因产品多元化而削弱现有品牌的形象或者受到现有品牌的约束，汽车企业创立多品牌战略成为必然的选择。

拓展资料

2012年，宝马在其官方微博发起了一场名为"BMW M空降行动"的实践营销，利用四段极具心理及视觉冲击力的好莱坞式大片，逐步制造悬念层层推进，引起了宝马车迷的追捧和传播，并通过"M首映计划"和"M驾驶挑战"将此次事件推至高潮。

这次营销事件印证了把握微博影响力，至少要有五大关键因素。

1）策划引爆传播的话题，这需要广告与内容深度捆绑，创造有价值的原创内容，"吊足"受众胃口。

2）微博营销的目的不是传递信息（推），而是吸引受众（拉）。

3）情感沟通胜于产品诉求，要了解受众的情绪和情感需求，赋予社会化媒体以生命，在品牌和受众间建立人性化联系。

4）善于用微博传播裂变力，通过充满悬念的内容，吸引微博名人、达人及红人的主动转发及评论，使话题得以发酵，快速自传播。

5）全程缜密地策划，要对传播进程进行预估及跟踪，及时优化调整，把握好推广的方向及节奏。

1. "BMW M空降行动"微博事件营销全解析

对于BMW车迷和BMW家族，"M"的意义非同一般。矢志为赛车而生的"终极驾驶机器"，BMW M系列车型以超强性能带来极限的驾驶体验，使其在中国市场拥有数量巨大的追随者。在社会化营销大背景下，如何把这些真实的车迷聚拢起来，配合BMW M的市场活动，更好地共同见证与分享。

BMW M的超凡体验和极速激情。BMW M选择了屡试不爽的悬念式营销，并用一种非同寻常的触动方式——空降，来营造整个活动的神秘感，并为活动起了一个充满M基因的名字：BMW M空降行动——传奇战队绝地逆袭。

2. 执行过程解析

（1）第一阶段

目标：营造议论氛围，吸引网友关注。

策略：通过非官方微博抛出悬疑式视频大片，营造话题，并利用微博大号的影响力，推动全网覆盖式传播。充满悬念的视频：神秘作家出兵秘密"空降行动"，战队驾机执行任务时险遭暴雨突袭，飞机左侧发动机起火，通信系统被破坏，地面形势复杂，没有可以紧急迫降的机场。濒临绝境，十万火急之下机长下令打开舱门，空降BMW M车型，而这些空降下去的车型究竟要执行哪些几乎不可能完成的任务？

（2）第二阶段

目标：持续传播，为网友关注度升温。

策略：在 BMW 官方微博上，发出第一阶段悬疑视频以及另两段剪辑和拍摄花絮，通过周边专业资源的介入持续传播，引发大面积的关注，吸引网友关注最终版的视频。

（3）第三阶段

目标：悬念揭秘，深入传播，将网友关注度掀至高潮。

策略：在 BMW 官方微博上发布完成版视频，直播 BMW XM 市场活动。主推专业汽车业内人士对 BMW M 品牌、车型、性能等方面的专业分析。

3. 微博事件营销亮点

企业掌握对话的时代早已结束，消费者从被销售对象到营销中一分子，成为参与者、传播者及主动创造者。在营销进程中，"制造悬念话题＋病毒式传播"已成为 BMW 与公众之间一种默契的对话方式。同时，BMW 在对公众心理的洞察及媒体传播方式的掌控上也积累了很多宝贵经验。微博营销内容为王，创造有价值、充满想象力及冲击力的原创内容，"空降行动"引发受众好奇与关注，持续的"空降"内容轰炸，热度不减。广告与话题性内容深度捆绑，通过与受众在情感层面的沟通及地面活动的配合，与受众建立深层的联系与互动。全程周密策划，善用利用社会化媒体平台及微博名人、草根的影响力，为整个营销进程穿针引线层层推进、引爆传播。

总结拓展

微博作为一个新兴的自媒体工具，具有开放、快捷、即时互动等优势，汽车企业可根据传播目标制定出更具针对性的品牌传播策略。不同于传统的品牌传播方式，汽车品牌采用微博传播仍需结合实际制定出适用于企业品牌微博传播的基本方法。

任务三　汽车直播营销

任务目标

1. 了解品牌直播营销的优势。
2. 了解品牌直播营销现状。

> **案例引入**
>
> 2020年4月30日,在"区长带货、番禺严选"网络直播带货活动上,番禺区委副书记、区长陈德俊与副区长陈明捷一起变身"网红主播",向广大市民推介包括广汽传祺旗下GS8S、传祺GS4在内的一大批优质"番禺制造"产品。当晚,以红包、抽奖、送礼等福利手段引爆直播间人气,直播观看人数突破880万,广汽传祺共收到2299张订单。
>
> 自2020年3月以来,广汽传祺强化与抖音平台和垂媒平台网红达人的合作,集中推出一系列线上卖车直播,引流意向客户到店。同时强化创新营销,通过PHEV电池浸泡极限实验、PHEV区域上市跨界发布会、GS8S 1+4线上发布会等创新模式,给消费者带来不一样的线上看车体验。同时,为了配合各地政府出台的汽车销售刺激政策,广汽传祺重磅加码,为全国消费者推出了一系列给力的销售政策。

一、品牌直播营销优势特点分析

1)品牌直播营销与时代潮流吻合。结合我国营销发展历史,不难看出,品牌营销方式的变迁与信息载体进化方向基本上保持同步。信息载体主要以报纸或者电视台广告形式为主,因此在品牌营销方面也多与上述信息载体相关。随着我国互联网技术的不断发展,我国已经全面进入互联网发展时代。在这样的发展态势下,以视频直播为主的营销方式逐渐兴起,并快速占领客户业余时间,形成立体、生动的营销阵地。客观来讲,视频直播方式有效弥补了传统营销传播的不足,如拉近商家与消费者之间的距离、建立商家与消费者之间的信任度等。

2)品牌直播营销可以满足用户双向沟通要求。单纯就品牌直播营销而言,基本上可以视为企业与公众建立信任与密切关系的一种社交方式。当兴趣一致的粉丝聚集在一起时,可以随时针对某款心仪的汽车产品进行互动与交流,并通过发弹幕提出自身的疑问及主要需求,此时,主播应该及时满足用户需求,真实回答用户问题,与用户之间建立良好的信任感。

3)品牌直播营销可以利用消费者从众消费心理。相关心理学家分析在直播营销环境下,社会临场感可以唤起消费者情感体验,将复杂的购买行为进行简化处理,推动消费者从众消费。同时,粉丝会根据现场口碑线索唤起自身从众消费心理。这对于商家而言,是一件非常有利的事情。

4)品牌直播营销可以降低成本并实现精准营销目标。举例而言,4S店建店成本较高,且看车承载量有限。一次直播观众可以高达数10万人,不仅可以有效打破空间限制,还可以提高观车人次数量,利于举办方甄别并抓住重点用户,实现精准营销目标。

二、汽车品牌直播营销现状及问题分析

某某主播曾在直播间试驾劳斯莱斯及大众朗逸等经典款汽车，并取得了两个小时成交额190万元的成绩。结合当前情况来看，汽车行业已经全面迎来了直播浪潮，甚至豪华车品牌也开始投入直播营销浪潮当中，并每天在天猫官方旗舰店及京东官方旗舰店开直播专场，构建"在线展厅"形式销售车辆。

从客观角度上来看，直播营销方式已经成为国内汽车行业首选的营销手段之一，但是从作用效果以及发展现状上来看，直播营销方式还存在一些亟待解决的问题。

一方面，线上直播转化率明显不高。主要是因为汽车属于高档消费品，且消费者对买车的态度也是非常谨慎的。即便有消费者在直播间缴纳定金，但是真正转化为实际购买的人数并不多。可以说，大多数消费者还是处于观望阶段。另一方面，购车体验缺乏全面性。对于消费者来说，购买汽车本身就属于一个长期性与理性的决策。一般来说，在买车过程中，消费者更加倾向于试车，通过切身感受判断当前所选购的车型是否适合自己。

线上直播方式所能完成的仅仅是看车、选车及订车等环节。不具备比较实际的体验，如产品之间的比较以及买车、验车等环节，甚至很多体验还是需要在线下4S店完成。因此，多数消费者还是选择线下购买，以确保购车安全。此外，网销价格难以得到根本性解决。部分车企在网销方面均采用统一折扣价，这样，部分区域4S店的利润将大打折扣。长此以往，不仅会对经销商造成亏损影响，也会对市场规则及秩序造成扰乱影响。

体验式营销

三、汽车品牌直播营销的优化策略研究与分析

（1）定位好直播策略，开放品牌自主内容管理

企业在开展直播营销工作之前，应该事前做好市场调研工作。明确自家产品功能定位及确定用户画像，并在此基础上，针对本次汽车品牌直播营销的目的性质进行全方位定位。一般来说，汽车品牌直播营销的本质目的在于让客户及时明确自家品牌，并利用主播的带货能力介绍品牌技术性能。例如，哈弗F7携手初代网红罗永浩，率先抓住直播带货的风口，掀起直播卖车的新风潮。正式直播中，罗永浩以罗氏风格对中国品牌首款全球车、AI智能网联SUV哈弗F7等进行了全面解读，引得无数网友围观互动。罗永浩的汽车直播首秀成为网络上的热议话题，更是创下了抖音平台的最高带货记录。

此外，在汽车品牌直播营销平台的定位上，营销管理人员应该立足当前新中产人群喜爱的平台进行统筹规划与合理部署，如布局电商业务。结合当前情况来看，以抖音为代表的交流平台，已经成为大量新中产人群广泛使用的平台设施。以蔚来汽车为例，通过借助抖音平

台流量激励功能，初步打造了专属营销场景，并按照定制化策略方案要求，确保品牌汽车可以在抖音营销过程中实现多维价值增长目标。

（2）重点打造品牌效应力，满足用户消费体验要求

在应用直播营销手段的过程中，应该明确利用直播营销手段的本质目的是追求传播，而不是追求销量。如果长期以全网最低价直播带货，不仅会使知名品牌陷入价格大战中，也会扰乱市场销售秩序。最重要的是，原来所拥有的品牌溢价能力将会大幅度下降。这对于汽车品牌长期发展建设而言，百害而无一利。针对于此，企业方面应该不断清晰化品牌定位，明确直播营销的本质目的，通过不断塑造良好的品牌形象，让消费者更加愿意购买消费，减少观望心理。

为进一步满足用户消费体验，企业方面可以为用户提供全覆盖的精细化服务。除了探索全新的直播内容，还需要探索全新的服务模式。例如，一汽大众主张以钉钉APP为车友群交流平台，通过打造云上派对新形式拉近与分粉丝的距离，刷新粉丝体验。此外，一汽大众品牌目前已经推出超级APP，为用户提供车场景、全覆盖、精细化服务。利用先进的智能互联功能，实现实时车辆管理。

拓展资料

汽车视频直播营销

视频、直播是近几年十分流行的营销手段，通过各种各样的短视频、直播、影视剧植入、定制特别篇视频等方式，快速、有效、精准地完成热点聚合，品牌传播的效果。

1. 路虎发现：只是因为在直播中多看了你一眼

2017年3月，路虎"全新一代发现"用直播宣布新车上市，邀请孙红雷进行现场直播，新浪、微博双平台同步推广。在超过250万人观看的直播中，网友互动活跃，影响力节节攀升。#全新发现#话题，通过在新浪、微博病  毒式传播，获得了1.5亿阅读量，得到完美的市场声量。

2. 一汽购车节：首家汽车电商

在2016年7月15日，一汽开创了购车节，打造了中国第一个汽车电商品牌、"病毒"短视频情境说唱的形式借助短视频营销风口，获得巨量关注。7月15日，故事性直播和原创购车情景视频完全接地气，与大众进行实景沟；加之，多位明星助阵，一汽抛出专属搬家的优惠，最终实现品牌、销量的双赢。

总结拓展

总而言之，从当前发展趋势来看，直播带货将会成为众多营销方式优势特点最为明显的一种。可以说，直播带货已经不再单纯是一种沟通与销售的方式手段，而是通过利用直播带货方式维护社交关系。直播带货直接省略了用户实际体验环节，不仅有效缩短了商家与消费者之间的距离，还有效建立了消费者与商家之间的信任感，具有重要的营销意义。但需要注意的是，对于一个成熟的汽车品牌而言，不应该只将营销重点放在拼价格方面，而是应该通过不断健全与优化品牌建设，塑造企业品牌良好形象，成就品牌实际价值。与此同时，营销管理者应不断清晰品牌定位目标，在直播带货过程中，让消费者从内心接受品牌形象，尽量实现消费品牌而不是消费产品的原则目标。

项目巩固

实训编号：qcyl07	建议学时：4学时
实训地点：理论教室	小组成员姓名：

一、实训描述
1. 演练任务：制作汽车营销模式分析PPT。 2. 演练目的：熟悉每种模式的优缺点。 3. 演练内容：简述汽车营销市场未来的发展方向。
二、相关资源
以"汽车营销模式"为关键词查询相关网络资料
三、实训实施
1. 以 4~6 人为一组，选出组长。 2. 分组进行讲解
四、任务成果
练习后小组之间进行点评
五、实训执行评价

序号	考核指标	所占分值	考核标准	得分
1	调查研究	50	收集资料，了解新兴营销模式	
2	汽车营销未来的发展方向	50		

参考文献

[1] 常兴华. 汽车营销实务[M]. 北京：北京理工大学出版社，2016.

[2] 李杰. 汽车营销[M]. 北京：北京理工大学出版社，2011.

[3] 戚叔林，黄智雄. 汽车营销[M]. 北京：机械工业出版社，2015.

[4] 文婷，梁永勤，陈镇亚. 汽车营销[M]. 长沙：中南大学出版社，2016.

[5] 武治发，赖小慧，王鹏权. 汽车营销实务[M]. 北京：航空工业出版社，2020.

[6] 闫春丽，袁秀珍. 汽车营销实务[M]. 济南：山东大学出版社，2021.